KB266892

"영웅을 가진 자만이 꿈을 이룰 수 있다"

미쉘 위와 신지애의 비교... 고난이 없으면 성공도 없다는 느낌이 피부에 와 닿습니다. 영웅이 영웅을 낳는다는 그 이면에는 고난이 있겠지요. 자신과의 싸움에서 이겨 목표한 것에 성공할 수 있는 것이 진정한 영웅이라고 생각합니다. 나의 목표를 찾고 영웅이 될 수 있는 자신감으로 모든 일에 임하면 반드시 좋은 결과가 있으리라 믿습니다. 좋은 강의 잘 들었습니다.

박기성(롯데건설, 담당자)

생각보다 큰 감명을 받았습니다. 저의 생각을 역발상 하는 계기가 되었으며, 미래를 준비할 수 있게 되었습니다. 또한 저의 롤모델을 찾게 되어 다시 한번 감사드립니다.

손종현(인카인슈, 차장)

세상을 이끌어가는 것은 결국은 사람이라고 생각합니다. 따라서 인재의 중요성이 날로 커집니다. 영웅을 가슴을 품어봅니다.

김종천(해태제과, 팀장)

목표를 잃고 살아가는 저에게 새로운 길을 알려주는 강의였습니다. 나의 영웅을 찾아 잃어버렸던 열정을 찾아주는 기회였습니다.

박민화(케이엠디지텍, 대리)

나도 영웅이 될 수 있다는 자신감. 가장 가슴에 담았던 말은 "사랑하는 것은 선택이나 사랑받는 것은 능력이다."

정혜영(솔고바이오메디칼, 과장)

참 좋은 강의였습니다. 최상의 강의 중의 하나라고 할만 합니다. 중요한 한 가지를 얻는 시간이 되었습니다.

김두석(한국전자금융, 부장)

기대 이상으로 많은 것을 느끼고 나를 되돌아 볼 기회였습니다. 시련은 성공의 어머니다. 단, 준비하고 노력하는 자에게!

원성희(SKC, 부장)

기대감과 설렘으로 강의에 임하여 보니 내용도 충실하고 느낌 또한 좋은 것 같았습니다. 주제와 같이 영웅을 꿈꾸며 가슴에 품어보고자 합니다.

임영균(롯데건설, 팀장)

생활에 자신감을 느끼고 가슴에 뜨거운 정열을 갖게 하는 좋은 강의였습니다.

양원호(에스넷시스템, 부장)

영웅은 영웅을 낳고 그 바탕에는 시련이 있습니다. 인간은 결국 자기와의 싸움을 통하여 발전하고 성공하는 것 같습니다.

한준희(SKC, 실장)

천재와 바보는 종이 한 장이라는 이야기. 실감 납니다. 한 번쯤 생각했던 거라거나 그럴 수도 있겠지라고 느꼈던 점들이 알고 보니 너무나 중요한 의미와 뜻이 있었네요. 진정한 영웅을 꿈꾸며 저의 새로운 삶을 만들어가렵니다. 배고프고 힘들고 어려운 상황을 기꺼이 받아들이며 이겨내렵니다.

차명규(인카인슈, 차장)

고난과 역경, 빈곤 속에서 난세에 영웅이 또 탄생할 것 같습니다.

김민수((주)해피잡, 부사장)

유머와 함께 지루하지 않은 명쾌한 강의였다고 생각합니다. 개인적으로 배가 많이 고팠는데 배고픔(?)을 잊게 해주는 강의였다고 생각합니다.

김대희(글로벌유명, 과장)

탤런트를 일깨워주는 강의 정말로 감동적이었습니다. 오랜만에 시원한 강의 감사합니다.

장관삼(만도, 부장)

슬라이드로 들었습니다. 간절하고, 절실하면, 인생역젠!! 길이 새기고 실천하겠습니다.
너무나도 마음에 와 닿는 글귀. 정말 감사합니다.

고경식(KTDS, 차장)

재미있고 열정적인 강의가 1시간을 금방 지나가게 합니다. 역경과 고난을 이겨야
진정한 영웅이 태어나는 것 같습니다.

정상협(KERI, 사원)

정말 새로운 의미의 강연이었습니다. 매우 유익했으며 가슴이 뻥 뚫리는 느낌이었습니다.

이경철(케이엠디지텍, 대리)

김광호 원장의 주요 Client

청와대, 국회, 통일부, 재정경제부, 국방부, 농수산식품부, 대검찰청, 육군본부혁신아카데미, 서울시청, 경기도, 울산시청, 경상북도, 경상남도, 전라북도, LH공사, 수자원공사, 지적공사, 금융연수원, 경기도의회, 산림청, 철도청, 삼성전자, 삼성물산, 삼성SDI, 삼성테크원, 삼성생명, 삼성화재, 삼성카드, 삼성경제연구소, POSCO, SK텔레콤, KT, HP, 현대자동차, 기아자동차, 현대모비스, LG전자, LG화학, LG인화원, LGCNS, 현대상선, 현대증권, GS건설, 대림건설, POSCO건설, 동국제강, 코스틸, 삼일회계법인, VISA카드, EBS, 삼성경제연구소지방포럼, 전경련, 생산성본부, 능률협회, 한국품질재단, 카네기포럼, 송도테크노밸리, KB은행, KDB은행, IBK기업은행, 우리은행, 하나은행, SC제일은행, 외환은행, CITI은행, 농협, 대우증권, 한국투자증권, 현대증권, 교보생명, 대한생명. ING생명, MetLife생명, AIA생명, 연세대교수워크숍, EXR, 리바트가구, 이건그룹, 한불화장품, 태평양화학, 한경희생활과학, 에스까다, 연세대, 이화여대, 서울대, 고려대, KAIST, 한양대, 성균관대, 건국대, 단국대, 전남대, IGM, 조지워싱턴대, 전북대, 부경대, 동의대, 원광대, 경북대, 충남대, 인천대 최고경영자과정 등

영웅의 꿈을 스캔하라

영웅의 꿈을 스캔하라

영웅의 꿈을 스캔하라

김광호 지음

21세기북스

"영웅은 당신 안에 있다"

자기의 길을 걷는 사람은 누구나 다 영웅이다. 자기가 할 수 있는 일을 진
실되게 수행하며 사는 사람은 누구나 다 영웅인 것이다.

_ 헤르만 헤세

소중한 영화 한 편이 있다. 로베르토 베니니의 이탈리아 영화 〈인생은
아름다워〉가 그것이다. 사는 게 팍팍하다고 느껴질 때나 뭔가 새로운
힘이 필요한 날이면 나는 혼자서 이 영화를 본다. 그리고 세상에서 가
장 유쾌하고 멋진 영웅 '귀도'를 만난다.

  그는 내가 보았던 영웅들 중 가장 수다쟁이다. 처음 보는 사람에게
자신을 왕자라 떠벌리고, 첫눈에 반한 여자에게 "안녕하세요, 공주님"
이라고 부르는 뻔뻔함까지 있다. 게다가 몸은 뼈가 드러나 보일 정도
로 말라서 휘청휘청 제대로 가누지도 못한다. 하지만 다시 한 번 단언
컨대 그는 내가 지금까지 보았던 영화 속 영웅 중 가장 멋진 인물이다.

　　히틀러의 유태인 말살 정책으로 귀도와 아들 조슈아는 나치수용소로 끌려가고, 그들의 사랑하는 아내이자 엄마인 도라는 유태인이 아님에도 수용소에 자원한다. 귀도는 아들에게 이제부터 그들은 게임을 시작하는 것이며 게임에서 승리하면 탱크를 탈 수 있다고 말한다. 아버지의 거짓말로 아들에게 현실은 죽음의 외줄을 타고 있는 혹독한 전쟁상황이 아닌, 이기는 사람은 탱크도 탈 수 있는 흥미진진하고 즐거운게임이 된 것이다.

　　결국 전쟁에서 패한 독일군이 포로들을 사살하기 시작하자 귀도는아들을 수용소 구석의 통 속에 숨기고, 자신은 독일군에게 붙잡히고만다. 그러나 그는 통 속 틈으로 끌려가는 자신을 바라보던 아들과 눈길이 마주치자 여전히 게임이 진행 중이란 듯 장난스럽고 바보 같은걸음으로 행진을 한다. 아들은 죽음을 향해 행진하는 아빠의 모습을그저 게임이라고 생각하면서 가까스로 웃음을 삼킨다. 다음 날 아침아들 조슈아 앞에는 연합군의 탱크가 나타난다….

　　보통 영웅 영화의 공식대로라면 귀도는 근육질에 미남이어야 했다.모든 총알은 그를 비껴가고, 어설픈 무기일지언정 그가 쏘는 총알에수십 명의 적들이 한꺼번에 쓰러지며 아내와 아들을 무사히 탈출시켜야 했다. 하지만 귀도는 독일군에게 저항 한 번 하지 못한 채 몇 발의총알에 죽음을 맞이한다.

　　비록 약골에 수다쟁이였지만 그에게는 아들을 지키고자 하는 강력한 동기와 목표가 있었다. 촐싹대며 웃고, 수다스럽게 떠드는 바보스러운 행동들은 그가 가족을 살리기 위해 할 수 있는 최선의 것이었다.

그는 그렇게 자기만의 방식으로 매순간 죽을 힘을 다했다.

영화의 마지막에는 엄마를 찾아내고 승리의 기쁨을 누리는 장면 위로 성인이 된 조슈아의 내레이션이 흐른다. "이것은 나의 이야기다. 아버지가 주신 귀한 선물이었다." 자신을 위해 사형장으로 가는 그 순간까지 큰 용기로 웃음을 잃지 않았던 아버지. 귀도는 아들 조슈아에게 세상에서 가장 멋지고 강한 영웅으로 영원히 기억될 것이다.

사람들은 많은 주제들 중 왜 굳이 '영웅'이냐고 묻는다. 대신 나는 이렇게 반문하고 싶다. "우리 중 단 한순간이라도 영웅을 꿈꾸어보지 않은 사람이 있을까?"

지금까지 수많은 영웅에 관한 영화와 소설들이 있었음에도 불구하고, 또다시 새로운 영웅이야기가 만들어지는 이유는 '영웅에 대한 로망' 때문이라 확신한다. 우리는 자신이 가지지 못한 것들을 꿈꾸기 때문이다. 어린이들에게 "넌 뭐가 되고 싶니?"라고 물으면 "저는 ○○이 되고 싶어요."라고 씩씩하게 대답한다. 대통령, 의사, 경찰, 선생님, 연예인, 피아니스트, 요리사, 발레리나 등 아이들의 꿈은 참으로 다양하다. 하지만 그 빛나는 꿈들이 가지는 한 가지 공통점은 자신이 보기에 가장 멋지고, 똑똑하고, 아름답고, 강하다고 여기는 무언가를 원한다는 점이다. 한마디로 각자의 가슴 속에 자신이 원하는 영웅상이 구체적으로 그려져 있는 것이다. 어른들도 마찬가지다. 아이들보다 조금 더 현실적이긴 하지만 누구나 더 많은 재물과 남들이 부러워할 만한 사회적 지위, 아름다운 외모를 원한다. 그러나 어른들 중엔 정작 자신이 영웅이 될 수 있다는 확신을 가지고 있는 이들은 드물다.

그렇다면 그 원인은 어디에 있을까? 우선 우리 사회의 부조리한 두 얼굴에서 찾아볼 수 있다. '자유Liberty'를 강조하는 지식정보사회는 실상 조직 관리와 업무 시스템에 있어서는 '경쟁과 통제Control'를 강화하고 있다. 물론 과거에 비해 교육의 기회가 많아지고, 각종 매체와 다양화된 소통의 경로를 통해 우리는 막대한 양의 정보를 흡수하고 있지만, 사회가 주도하는 일괄적인 경쟁과 통제 속에서 빠르게 흘러갈 뿐, 무엇이 옳고 그른지 스스로 판단하고 실천하는 주체적인 에너지를 잃어가고 있다. 과거부터 역사를 선도하고 혁신적인 변화와 발전을 가져온 것이 주체적인 사고의 전환이었다면, 사회 주류의 시스템에 의존하지 않은 창의적이고 도전적인 생각들이야 말로 역사의 흐름을 바꿔 왔다고 할 수 있다. 기성 가치관의 갖은 핍박에도 굴하지 않고 "그래도 지구는 둥글다"고 외쳤던 갈릴레오 갈릴레이의 도전과 모험이 '패러다임의 전환'을 이룬 것처럼 말이다. 마찬가지로 도전과 모험 없이는 진보와 발전도 존재할 수 없다는 것은 개인에게도 적용된다.

지금 우리는 대학에 진학하기 위해, 취업을 하기 위해, 진급을 하기 위해, 정리해고에서 살아남기 위해 끊임없이 경쟁에 쫓기며 살아가고 있지는 않은가? 현재 삶에 대한 만족은 나중의 일이고, 경쟁에서 이기는 것만이 생존의 이유며 의미로 탈바꿈 되고 있지는 않은가? '대학을 가지 못하면 취업이 어려울 거야' '회사에서 얼마나 버틸 수 있을까' '앞으로 살아갈 날들 동안 어떻게 먹고 살아야 하는가' 식의 문제가 인생을 좌우하는 기준이 되어 있지는 않은가 말이다.

하지만 '버틴다'는 것은 정체되어 있다는 뜻이다. 그 정체가 지속되다 보면 결국 삶은 퇴보의 길을 걷게 된다는 걸 우리는 알아야만 한다. 실패하는 사람들의 어제와 오늘을 보자. 그들이 계속 실패할 수밖에 없는 이유는 어제와 같은 방식으로 오늘을 살아가고 있기 때문이다. 우리는 어떠한가? 바로 지금 스스로에게 어떤 삶을 원하는지 물어보라. 만일 당신의 가슴이 단호하게 'NO'라는 사인을 보내온다면 현재 당신이 가지고 있는 '시선'부터 변화시켜야 한다. 즉 당신이 가지고 있던 가치관과 삶의 방식을 전환시켜야 한다는 의미다. 또한 지금까지 당신의 삶을 정체시켜 왔던 습관에서 벗어나 진정한 꿈을 찾고 이루어줄 선순환을 만들어가야 한다는 뜻이기도 하다. 나는 여기서 우리가 꿈꿔오던 여러 '영웅'의 모습들을 보여줄 것이다. 이를 통해 그들이 어떤 방식으로 자신의 분야에서 성공할 수 있었는지 그 원리와 시스템을 파악할 수 있다면, 그리고 그들처럼 당신이 행동할 수 있는 준비가 되어 있다면 영웅이 되는 길은 그리 멀리 있지 않다.

　명심할 것은 여기서 말하고자 하는 영웅은 단순히 우리보다 뛰어나거나 접근할 수 없는 특별한 영역의 사람들이 아니라는 점이다. 오히려 그들의 환경은 열악했으며 인생은 고난의 연속이었다. 우리는 그들의 특별한 점은 바로 여기서 찾을 수 있다. 혹독한 가난과 편견을 이겨내고 미국 내 최고의 방송인이 된 '오프라 윈프리'와 아들을 잃은 상실감을 극복하고 명문대학 스탠포드를 설립한 '릴랜드'와 '제인', 실패를 두려워하지 않았던 에베레스트 최초 정복자 '에드먼드 힐러리', 편견에 도전한 상추 CEO '류근모' 등 그 고난을 넘어서기 위한 지치지 않는 '노력'을 보여준 수많은 영웅들을 만나면서 말이다. 이들이 자신에게 닥쳐온 극한 시련의 순간을 어떻게 해결하고 앞으로 나아가는지를 살펴보면서 그들이 영웅으로 재탄생하는 감동의 순간 또한 목격하게 될 것이다.

잊지 말라. 누구에게나 가슴 속에 영웅이 있다. 다만 그것을 자각하고 이끌어내지 못하고 있을 뿐이다. 이 책은 '영웅들은 과연 어떻게 영웅이 되었는가', '내 안에 있는 영웅을 어떻게 발견하고 실현시킬 수 있을까' 라는 두 가지 물음에 대한 답을 '영웅이 되는 시스템-8step(System-eight step)' 을 통해 확인시켜 준다. 물론 이 모든 것을 안다고 영웅이 될 수 있는 것은 아니다. 그러나 변화는 내면에 잠재되어 있는 나만의 영웅을 인지하는 것에서 시작한다. 나는 이미 성공한 이들의 8가지 선순환 시스템이 오늘의 실패는 줄이고 새롭게 거듭날 수 있는 지름길의 네비게이터가 되리라 확신한다.

강의가 끝나고 나면 사람들은 내게 인사를 건넨다. 아버지들은 "제 아들 녀석에게 들려주고 싶은 강의였습니다."라고 말하고, 관리자들은 "우리 직원들에게 이 강의를 들려준다면 많은 동기 부여가 될 것 같습니다."라고 말한다. 이런 이야기를 듣고 나면 장시간 강연으로 피곤했던 몸과 마음이 다시 활기로 가득 차게 되고, 일에 대한 자긍심 또한 커진다. 나는 스스로를 단순한 강사라고 생각해 본 적이 없다. 항상 마음속으로 "나는 치어리더다."라고 되뇐다. 운동선수들이 좋은 경기를 펼칠 수 있도록 경기 내내 힘찬 응원으로 힘을 북돋워주는 응원부대처럼 말이다. 그래서 내 홈페이지 주소(combi337.co.kr), 메일주소(combi337@yahoo.kr), 연락처(0502-337-○○○○) 등엔 모두 '337'이 포함되어 있다. 사람들에게 '337박수'의 힘찬 응원을 전하고 싶어서.

"당신의 마음에 위대한 생각들을 채워라. 영웅이 되려면 영웅처럼 믿어라."

영국의 유명한 정치가이자 소설가인 디즈레일리는 이렇게 말한다. 간절한 일념과 믿음으로 사랑하는 아들을 지켜낸 수다쟁이 귀도와 극한의 시련을 극복하고 자신의 목표를 성취했던 수많은 영웅들처럼 분명 당신도 해 낼 수 있다는 걸 믿기 바란다. 나는 사람들이 도전과 모험에 대한 두려움에서 벗어나 가슴 속에 있는 영웅의 불씨를 뜨겁게 불사를 수 있도록 힘차게 외친다! 이것이 내가 '영웅 이야기'를 하는 진짜 이유다.

Contents

Part 3　나의 한계를 넘어서기 위한 훈련

내 꿈을 이루어 줄
영웅을 품어라

영웅은 당신에게 강력한 동기를 부여해 줄 뿐만 아니라
적어도 그들이 했던 실패를 반복하지 않고, 빠른 시간 내에
좀 더 현명하게 영웅이 될 수 있는 힘을 부여한다.

1장
영웅을 만나는 자세

오랫동안 짝사랑했던 사람에게 고백하기로 결심했던 날을 떠올려보자. 약속 시간이 다가오기까지 어떤 옷을 입을지, 어떤 향수를 뿌릴지, 어떤 말로 첫 인사를 건넬지, 어떤 말로 고백을 해야 할지…, 그야말로 오만가지 생각들로 안절부절하며 사랑하는 사람과의 만남을 기다리지 않았는가. 고백이 성공하길 바라는 당신의 간절함을 가슴 속에 담은 채 말이다.

지금 당신은 그 동안 가슴 속에 간직만 하고 있던 영웅과 대면하기 위해 이 자리에 있다. 당신의 영웅을 만나기 전 머릿속은 짝사랑을 만나러 가는 이보다 더한 생각들로 복잡할 것이다. 성공으로 이끌 영웅에 대한 간절함이 크면 클수록 생각이 더 복잡한 것은 당연한 일이다.

영웅을 만나기 전 당신은 과연 무엇을 준비해야 할까. 그리고 어떻게 하면 영웅과의 만남을 성공적으로 이끌어 낼 수 있을까. 이는 마음자세를 다잡는 일에서부터 시작할 일이다. 마음자세는 많은 것들을 좌우한다. 목표를 설정하고 그것을 이루어가기 위한 결코 순탄치 않을 과정 속에서 어떻게 인내하며 행동할 것인지를 결정한다. 1장에서는 당신이 영웅이 되기 위해 가져야 할 최소한의 마음자세에 대해 이야기할 것이다. 초지일관, 절차탁마, 청출어람. 이 세 가지의 마음자세를 잊지 않고 당신의 가슴 속에 각인시킨다면, 당신은 영웅이 되기 위한 기본자세를 갖춘 셈이다.

초지일관(初志一貫)

초지일관은 하나의 이치로써 모든 것을 꿰뚫는다는 뜻으로, 처음 세운 뜻이나 마음을 끝까지 변하지 않고 지켜서 간직하는 것을 의미한다. 당신은 우선 영웅이 되겠다는 굳은 '결의'를 다져야 한다. 또한 목표한 바를 반드시 이룰 수 있다는 '믿음'으로 모든 '열정'을 쏟아 붓는 일에 초지일관해야 한다.

전쟁에서 승리하기 위해서는 전략·전술과 함께 최첨단 무기가 필요하다. 뿐만 아니라 극한 시련도 이겨낼 수 있는 군인들의 강인한 정신력도 필요하다. 전쟁에 참전한 군인들은 조국의 승리라는 목표 아래 결속력을 다지고 승리할 수 있다는 믿음 가운데 전장에 대한 두려움을 떨쳐내야 한다. 논어에서 '삼군의 장수는 꺾을 수 있으되, 필부匹夫의

지기志氣는 빼앗을 수 없다.'고 말하는 것도 흔들리지 않는 마음가짐이 얼마나 중요한 것인지 잘 보여주고 있다. 영웅이 되고자 하는 자에게 초지일관은 군인의 정신 무장과 같은 가장 기본적인 마음가짐이라 할 수 있다.

훈련이 계속되고 몸이 피곤해지면 '하루쯤 쉬면 안 될까' 하는 생각이 들곤 한다. 하지만 하루를 쉬면 그만큼 다음날 해야 하는 훈련양이 많아진다. 미리 준비하지 않으면 기회는 다가오지 않는 법이다. 그것이 내가 하루도 쉴 수 없는 이유다. 언젠가는 그들도 한번쯤 쉴 것이고 그때 내가 쉬지 않고 나아간다면 차이는 조금이라도 줄어들 것이다. 중요한 것은 내가 쉬지 않고 뛰고 있다는 것이지 그들이 내 앞에 있다는 사실이 아니었다.

_ 박지성 〈멈추지 않는 도전〉 중에서

박지성은 누가 뭐라 해도 대한민국 축구 영웅이다. 하지만 2000년 대 초반만 해도 그가 세계적 빅리그에 진출하고 국민적 사랑을 받는 스타가 될 것이라고 예상하는 이는 아무도 없었다.

당시 그는 특출난 기량을 가진 선수가 아니었다. 무엇보다 작은 키에 왜소한 체구, 평발에 이르기까지 그의 신체적 조건은 축구선수로서 최악이었다. 하지만 그는 훈련을 쉬고 싶다는 유혹을 물리치고 초심을 잃지 않고 끊임없이 내일을 위한 준비를 했다. 그리고 결국 2002년 한·일월드컵을 계기로 유럽리그(PSV 에인트호벤)에 진출한 지 3년여 만에 축구 명문 맨체스터 유나이티드 유니폼을 당당히 입게 되었다.

그는 언제나 최고의 축구 선수가 되겠다는 결의를 다졌으며, 그렇게 될 것을 늘 믿었으며, 그 믿음 때문에 열정을 가지고 훈련에 임했다.

영웅이 되겠다는 목표를 확고히 했다면 가장 먼저 '반드시 영웅으로 거듭나고 말겠다'는 굳은 결의를 다져보자. 박지성이 반드시 축구 영웅이 될 수 있다고 믿었듯, 당신 또한 자신의 길에 대한 확고한 믿음이 필요하다. 그리고 박지성이 자신의 믿음을 현실로 이루어내기 위해 열정을 불살랐듯 당신 또한 자신 안의 열정을 끄집어내야 한다. 이처럼 스스로 가고자 하는 길에 대한 굳은 결의와 간절한 믿음, 그리고 이를 적극적인 실천으로 이루어내겠다는 뜨거운 열정까지 초지일관 끌고 나간다면 당신은 영웅이 되기 위한 기본적인 정신 무장을 완료했다.

● 결의를 다지는 것은 영웅 여행의 출발점이며, 반드시 영웅이 되겠다는 각오이다. 결의를 확고하게 다지는 순간, 어떤 장애물이 나타나든지 목표를 성취하기 위한 행동을 멈추지 않을 수 있다. 단호한 결의만 있다면 모든 길은 통하게 되어 있다. 낮이 가고 밤이 오듯이 저절로 그 일에 열중하게 되기 때문이다.

● 당신이 세운 결의를 이룰 수 있다는 믿음을 갖자. 당신의 꿈과 영웅이 갔던 길에 대한 믿음 말이다. 당신이 간절히 원하는 일은 모든 것을 쏟아 부을 만한 가치가 있으며, 당신에게 적합한 길이라는 것을 처음부터 끝까지 믿어야 한다. 분명 해낼 수 있다는 사실까지도 말이다. 믿음은 추진력의 원천이다. 믿음 없이는 결의를 행동으로 옮길 용기도 있을 수 없다. 믿음은 행동하는 것을 주저하지 않게 할

것이요, 강력한 추진력은 결국 헤쳐 나갈 길을 찾아내고야 만다.

● 100퍼센트에 만족하지 말고, 120퍼센트의 열정을 쏟아 부어라. 열정은 결의를 더욱 단호하게 만들고 그것을 밀고나가는 강력한 에너지다. 열정 없이 성취할 수 있는 위대한 것은 존재하지 않는다. 열정은 또 하나의 능력이다. 보통 사람은 30분 동안 열정을 가질 수 있다. 유별난 사람이라면 30일 동안 유지할 수 있다. 그러나 30년 동안 꾸준히 열정을 유지할 수 있다면 그는 보통 사람이 아니다.

살기 위해 매일같이 물을 마셔야 하듯 영웅이 되기 위해 당신은 매일같이 새롭게 정신 무장을 해야 한다. 어제 맨 신발끈은 오늘 허술해지기 쉽고, 내일은 풀어지기 쉽다. 사람의 정신 또한 어제의 결의와 오늘의 결의가 달라 나날이 새롭게 마음을 다잡아야 한다. '뿌리 깊은 나무는 바람에 움직이지 않아 꽃피고 열매를 많이 맺는다'는 용비어천가의 구절처럼 초지일관의 가장 기본이 되는 결의, 믿음, 열정을 끝까지 가슴에 새긴다면 당신은 영웅이 되기 위한 과정에서 어떠한 암초에 부딪치더라도 흔들리지 않을 수 있다.

절차탁마(切磋琢磨)

영웅을 만나기 위해선 또한 '시간'과 '정성'을 다 바치고 당신의 '자존심'까지 버리고 배움 앞에 인내할 수 있는 절차탁마切磋琢磨의 자세가 필요하다. 절차탁마는 학문이나 덕행 등을 배우고 닦음을 이르는 말로, 어떤 일을 할 때 정성을 다해 노력하는 것을 의미한다.

병아리는 달걀에서 나온다. 하지만 단순히 달걀이 깨진다고 병아리가 나오는 것은 아니다. 달걀을 품에 안고 인내했을 때 병아리는 스스로 껍질을 깨고 세상 밖으로 나오는 법이다. 이런 이치를 모르지 않을 텐데도, 요즘 사람들은 바쁘다 못해 병아리를 보기 위해 껍질을 깨버리는 일이 많다.

인터넷 화면이 클릭과 동시에 뜨지 않으면 짜증을 내는 현대인들은 최단 기간에 끝내버리는 속성 과정에 길들여져 가고 있다. 다이어트도, 자격증도 속성으로 해치운다. 하지만 체질을 고려하지 않은 무리한 다이어트는 건강을 해칠 수 있으며, 짧은 기간 안에 자격증을 취득하는 것은 목표달성은 이룰 수 있으나 진정한 전문가의 길로 들어서기에 충분치 못하다. 영웅이 되기 위한 과정엔 속성이 없다. 끊임없는 담금질을 통해서만이 당신은 진정한 영웅으로 태어날 수 있다.

《돈 키호테Don Quixote》의 작가 세르반테스는 작가가 될 때까지 참으로 파란 많은 반생을 지냈다. 가난한 집에서 태어나 교육도 제대로 못 받았다. 24세 때는 페판트의 해전海戰에 참전하여 왼쪽 팔에 상처를 입고 불구의 몸이 되었으며, 28세 때에는 말레이의 포로가 되어 5년간이나 고생을 했다. 그는 38세 때부터 희곡을 쓰긴 했지만 전혀 팔리지 않아 극심한 생활고를 겪었다. 마지못해 세금 징수원이 되어 지방으로 돌아다녔으나 영수증을 잘못 발행하여 투옥되기까지 했다. 그래도 그는 1605년 옥중에서 《돈 키호테》의 전편을 썼다. 그때 그의 나이가 58세였다.

세르반테스는 스페인이 낳은 가장 위대한 소설가고 극작가이자 시인이다. 그의 소설 《돈 키호테》는 60여 가지 언어로 완역 또는 부분적으로 번역되었고, 꾸준히 판을 거듭하고 있으며 작품에 대한 비평적 논의도 18세기 이래 줄기차게 계속되고 있다. 뿐만 아니라 돈 키호테와 산초 판사라는 두 인물은 미술·연극·영화 등을 통해 널리 알려져 세계 문학의 다른 어떤 허구적 인물들보다도 일반인들에게 친숙한 캐릭터가 되었다. 하지만 《돈 키호테》가 세상 밖으로 나오기까지 세르반테스는 수많은 시련을 겪어야만 했다. 만약 그가 자신에게 닥친 어려움들을 극복하지 못하고 작가가 되고자 하는 노력을 멈추었다면 우리는 엉뚱하지만 친근한 돈 키호테를 만날 수 없었을 것이다.

그리스의 철학자 헤라클레이토스는 '사람은 같은 강물 속에 두 번 몸을 담글 수는 없다.'라고 말했다. 이는 우리도 시간이 지나면 달라지고 강물도 이미 흘러가버려 다시는 돌이킬 수 없다는 의미다. 인생은 소심하게 굴기엔 너무 짧고, 때로는 소중한 시간을 낭비한 탓에 더욱 짧아지기도 한다. 하지만 이렇게 소중한 시간도 아끼지 말아야 할 단 한 순간이 있다. 성공을 위한 시간 투자가 바로 그것이다.

에디슨은 전구 필라멘트를 만들기 위해 2천여 회를 실패를 거듭했다. 어떤 사람들은 그것을 시간 낭비였다고 말한다. 하지만 에디슨은 실패한 적이 없다. 시간 낭비를 한 적도 없다. 단지 1번의 성공과 2천여 회의 '실패 하는 방법'을 발견했을 뿐이다. 그렇다고 그저 기나긴 기다림 속에 오랜 시간을 보냈다고 성공에 이르는 건 아니다. 여기에는 정성이 더해져야 한다. 그 정성이 바로 시간과 노력의 아낌없는 투자다.

영웅을 만나기 위해 시간과 노력을 들였다면 이제 버려야 할 것이 있다. 바로 자만심이다. 자기 자신에 대한 과신은 당신이 변화하는 것을 가로막는 가장 큰 장애물이다. 물론 자신의 뜻을 굽히지 않고 끝까지 자존심을 지키는 건 필요하다. 하지만 자존심과 자만심은 엄연히 다르다.

세탁소에 갓 들어온 새 옷걸이한테 헌 옷걸이가 한마디 하였다.
"너는 옷걸이라는 사실을 한시라도 잊지 말길 바란다."
"왜 옷걸이라는 것을 그렇게 강조하시는지요?"
"잠깐씩 입혀지는 옷이 자기의 신분인 양 교만해지는 옷걸이들을 그동안 많이 보았기 때문이다."

_ 정채봉 〈처음의 마음으로 돌아가라〉 중에서

아주 짧은 이야기지만 이 속에 담겨진 뜻은 참으로 깊다. 자기 자신을 있는 그대로 인정하는 일이 얼마나 중요한 것인지에 대한 깨달음을 준다. 지금 어느 위치에 있으며, 무엇이 부족한 상태인지를 인정하지 못한다면 중요한 것을 잃을 수도 있다.

'역사의 아버지'라 불리는 그리스의 역사가 헤로도토스는 '자존심은 어리석은 자가 가지고 다니는 물건이다.'라고 했다. 틀린 걸 알면서도 체면 때문에 끝까지 자신이 옳다고 주장하는 것은 자만이며 어리석음일 뿐이다. 진정한 자존심은 부족한 자신을 드러내게 될지라도 경쟁자에게서조차 배울 자세를 지닌 것을 말한다.

자존심을 비우고 무언가 받아들일 준비가 됐다면 모든 것을 새롭게 시작할 수 있다. 더 큰 자유를 누리며 영웅으로부터 더 나은 지혜와 지식을 얻어 당신의 영웅에게 한 발짝 더 다가갈 수 있다. 이와 달리 당신이 가진 것이 최고라는 자만과 당신이 가진 능력이 최고라는 생각을 버리지 않으면 당신은 늘 꼴찌의 삶을 살게 될 뿐이다. 당신의 오늘에서 내일을 볼 수 있어야 한다. 시간을 들여 정성을 다하면서 자신의 모든 것을 내어놓고 받아들일 준비가 되어 있는 절차탁마의 자세를 잊지 않는다면 당신은 반드시 영웅을 만날 수 있다.

청출어람(靑出於藍)

영웅을 만나기 위해선 마지막으로 '노력'을 다하고 '능력'을 쌓아 '영웅 이상의 성공'을 이루어내겠다는 청출어람靑出於藍의 자세가 필요하다. 청출어람은 '푸른색은 쪽藍에서 나왔지만 쪽빛보다 더 푸르다'는 뜻으로 제자가 스승보다 낫다는 의미이다.

원나라 때 저명한 의학자 주진형은 금원 4대가 중 가장 나이가 어린 학자로 양음파養陰派의 시조이다. 그의 의술은 대단하여 절강성과 강소성 일대에 이름을 떨쳐 의술을 배우고자 하는 제자들이 구름떼처럼 몰려들었다.

그런 주진형에게 글벗이 하나 있었는데 그는 아플 때마다 주진형을 찾아가 진찰을 받은 후 약 한 첩만 복용하면 병이 잘 나았다. 어느 해 여름 복통이 심해 설사를 계속했던 글벗은 변함없이 주진형을 찾았다.

하지만 이번에는 세 첩의 약을 복용해도 소용이 없었고, 약량을 배가해도 병은 호전되지 않았다.

글벗은 부득이 그 당시 주진형의 수제자인 대사공을 찾았다. 어려서 아버지를 따라 주진형의 제자가 된 대사공은 그 총명함을 인정받아 주진형의 가르침 속에 실력이 날로 증진되어 절강성에서 이름을 떨치는 자였다. 대사공은 자기를 찾아온 이가 스승 주진형과 절친한 친구사이라는 것을 예전부터 알고 있던 터라 극진하게 대접했다. 주진형의 글벗이 자신을 찾아온 이유를 알게 된 대사공은 정중하게 맥을 짚고 나서 스승의 처방을 분석해 봤다. 그리고 대사공은 이렇게 말했다. "스승께서 증세에 맞게 약을 잘 쓰셨습니다. 스승님의 처방에 뒤이어 석류피石榴皮 (석류열매껍질) 3전錢을 추가 처방하오니 시험 삼아 복용해 보십시오."

대사공이 처방해준 대로 세 첩의 약을 복용한 글벗은 병이 깨끗이 나았고, 어느 날 주진형을 찾아가 대사공의 처방을 보여주었다. 그러자 주진형은 대사공의 의술에 경탄하며 이렇게 외쳤다. "맞다! 석류피는 고삽固澁 (굳게 잘 지키게 하는 효능)작용과 살충작용이 있고, 사瀉痢 (설사)를 그치게 해주고 복통을 치료해주니 석류피가 빠져서는 안 되지! 청출어람이군!"

그 스승에 그 제자라 했다. 스승의 판단을 그릇되다 하지 않고 겸손히 자신의 처방전을 내민 대사공이나 제자의 처방에 경탄해 마지않고 청출어람을 외친 주진형이나 뛰어난 인물임에 틀림없다.

바둑을 모른다 할지라도 조훈현과 이창호는 알고 있을 것이다. 아홉 살에 세계 최연소 입단이라는 진기록을 세운 조훈현은 명실 공히 한국 바둑계를 세계 중심으로 끌어올린 기사棋士다. 그가 자신의 집에서 기숙하며 키운 제자가 바로 이창호다. 9살에 조훈현의 제자가 된 이창호는 16세 되던 해 스승 조훈현을 이겼으며 국제기전에서 최연소 우승을 차지했다. 이후 이창호는 세계대회 통산 최다 20회의 우승을 차지하여 '바둑의 신'이라 불리고 있다. 매일 새벽 2~3시까지 바둑돌을 놓은 적이 없다는 이창호의 끊임없는 노력은 청출어람을 이루어내고야 말았다.

니체는 스승과 제자의 관계에 대해 이렇게 말했다. "스승을 영원히 스승으로 남겨두는 자는, 스승을 제대로 공경하는 것이 아니다." 스승에게 배운 것이 있다면 노력하여 그보다 더 높은 단계에 이르는 것이 스승을 높이는 것이란 뜻이다. 이 말을 '영웅을 영원히 영웅으로 남겨두는 자는, 영웅을 제대로 동경하는 것이 아니다.'로 바꿔 보는 것은 어떨까. 영웅이 되길 꿈꾼다면 단순히 닮아가는 것이 아닌, 영웅의 모든 것을 뛰어 넘어 그 이상으로 거듭나야 한다. 그래야만 진정한 영웅의 길을 걸을 수 있다.

성공은 모든 사람이 원하는 바다. 그렇다고 모두가 성공하는 것은 아니다. 대부분의 실패자들은 그들의 실패를 교육이나 재력의 부족, 혹은 불운 탓으로 돌린다. 자신이 충분히 몰두하지 않은 탓이라고는 생각하지 않는다. 어떤 일이든 그것을 성취하기 위해서는 그만큼의 노력이 필요하다. 다만 그 노력을 다하지 않았기에 성공의 반열에 오르지 못한 것뿐이다.

역사는 언제나 새로운 영웅을 기다린다. 당신이 그 주인공이 되길 원한다면 초지일관 당신의 결의와 믿음과 열정에 변함이 없어야 하며, 절차탁마의 자세로 시간과 정성을 쏟아 붓고 자존심을 버려야 한다. 그리고 영웅의 능력과 성공을 뛰어 넘는 청출어람을 목표로 그 이상의 노력을 쏟아 부을 때 비로소 역사의 새로운 영웅으로 거듭날 수 있다.

2장

내 꿈의 길잡이, 영웅을 찾는 기술

이제 영웅을 만날 준비는 끝났다. 하지만 어떻게, 어떤 영웅을 만날 것인가. 당신이 목표하는 바를 향해 가장 효율적으로 이끌어 줄 영웅을 어떤 계획 아래 어떻게 찾을 것인가.

영웅을 만나기 위해 여행을 떠난다고 가정해 보자. 이 여행은 가이드의 깃발을 따라다니며 일정에 따라 여행하는 것이 아니다. 이 여행은 용기를 필요로 한다. 사회적인 관점에서 보면 다소 위험하고 무모해 보일 수도 있다. 인습적인 성공도 보장해 주지는 않는다. 그러나 이 여행이 끝날 무렵엔 분명 풍부한 결실로 만족스럽게 변화되어 있는 자신의 삶을 확인하게 된다.

여행의 첫 단계는 가슴을 뛰게 만들고, 뜨거운 열정을 불러일으킬

나만의 영웅을 찾는 데서 출발한다. 자신이 원하는 삶을 성공적으로 이룬 영웅 말이다. 그 영웅은 나에게 강력한 동기를 부여해 줄 뿐만 아니라, 앞으로 살아가는 데 있어 적어도 그들이 했던 실패를 반복하지 않고 빠른 시간 내에, 좀 더 현명하게 영웅이 되도록 도와준다. 무엇보다 영웅은 단순히 타인의 삶을 답습하는 지루한 여행이 되지 않기 위해 어떻게 해야 하는지 분명히 알고 있으며, 이를 다른 사람들에게 알려주는 탁월한 재능을 가지고 있다. 우리는 자신에게 맞는 길을 일러줄 영웅을 찾기만 하면 된다.

첫 번째 _ 목표를 명확히 하라

거울 속 자신과 눈을 마주하고 대화해 본 적이 있는가. 내가 처음 거울 속 나에게 대화를 시도했을 때의 느낌이 아직도 생생하다. '어디서 본 것 같은데 도저히 누군지 모르겠는' 어색함이 너무나 당황스러웠다. 어떻게 나 자신의 모습이 옆집 아저씨보다 어색할 수 있는 걸까? 아마 당신도 별반 다르지 않으리라. 그만큼 우리는 스스로에 대해 잘 알지 못한다.

이제 어색함을 무릅쓰고 자신을 마주해야 하는 시간이다. 자신이 무엇을 원하는지, 목표가 무엇인지 명확히 알지 못한다면 예상보다 먼 길을 돌아가야 할지도 모른다. 스스로에게 물어보길 바란다. 과연 지금 간절히 열망하는 것은 무엇인지, 어디를 향해 전진하길 원하는지 말이다. 그리고 어떤 목표를 설정했을 때 나의 열정과 시간이 가장 빛

나는 가치를 발휘할 수 있을지 명확하고 빠른 결단이 필요하다.

묵자墨子는 "오 리五里를 걷는 동안 일을 결단할 수 있는 자는 왕이 될 수 있는 자다. 구 리九里를 걷는 동안 결단할 수 있는 자는 왕은 될 수 없지만 강한 자임에는 틀림이 없다. 일을 결정하는 데 우물쭈물 날짜를 보내고 있다면 정치가 정체되기 때문에 나라가 깎기는 결과가 된다."고 말한다.

나약하고 소심한 사람들은 세상에 어떤 자취도 남기지 못한다. 그들은 자신이 무엇을 원하는지 알지 못하며, 어떤 방향으로 나아가야 할지 스스로도 알지 못하기에 다른 사람들의 본보기가 될 여력이 없다. 반면 자신이 무엇을 해야 할지 명확히 알고 있는 사람들은 북극성과 같다. 자신이 가야 할 곳을 명확하게 알고 있음은 물론 다른 이들의 길잡이가 된다. 그들의 결단과 시대정신은 많은 사람들에게 행동하고자 하는 강력한 동기를 부여한다.

여행의 목적지는 명확해야 한다. 그래야만 무엇을 준비하고 누구를 만나야 할지 계획을 세울 수 있다. 때로는 목적지 없는 여행이 낭만적일 수 있지만 영웅이 되기 위한 여행에서는 목적지가 없는 것만큼 대책 없는 일은 없다.

목표를 세우는 것은 다른 사람들의 도움을 받을 수 있는 일이 아니다. 당신이 어디를 향해 갈지도 모르는데 누군가가 도착의 깃발을 꽂아 준다는 것은 이상하지 않은가. 미켈란젤로는 자신을 후원했던 사람이 세상을 떠나자 이렇게 말했다. "세속적인 약속이 가장 헛된 것임을 깨닫게 되었다. 자신을 믿는 것, 가치 있고 중요한 존재가 되는 것. 그

것이 가장 안전하고 좋은 길임을 배웠다." 당신이 원하는 목표의 중심
은 바로 당신이다.

두 번째 _ 단점을 인지하라

'나를 알기 위해' 내가 가지고 있는 장점을 찾아내는 것은 무엇보다
중요한 일이다. 장점은 스스로를 격려해 줄 뿐 아니라 잘 다듬으면 큰
무기가 된다. 하지만 그에 못지않게 단점이 무엇인지 파악하는 것도
중요하다. 단점을 알아내 그것을 극복하기 위해 노력하면 단점이 오히
려 장점으로 변화되는 놀라운 경험을 하게 될지도 모른다.

세상에 완벽한 사람이 있을까? 〈탑건〉, 〈레인맨〉, 〈미션임파서블〉,
〈마이너리티 리포트〉 등 수많은 영화에서 뛰어난 연기력으로 전 세계
인의 사랑을 받고 있는 배우 탐 크루즈. 겉으로 보기에 그는 멋진 외
모와 연기력으로 인정받는 세계적 스타며 행복한 가정과 어마어마한
경제력을 지닌 부러울 것 없는 완벽한 사람이다. 하지만 그에게 난독
증難讀症이 있다는 것을 아는 사람은 많지 않다. 7세 때 난독증 판정을
받은 그는 스스로 글을 읽거나 쓸 수 없어 주변 사람들이 대본을 읽어
주면 이를 암기하는 방법으로 영화 촬영을 해 온 것으로 알려지고 있
다. 스스로 읽지 못하니 그가 대본 암기에 투자하는 시간은 보통사람
들의 배가 걸렸고, 글을 읽지 못하고 듣는 것만으로 내용을 이해하려
니 어려움이 많았다. 하지만 탐 크루즈는 포기하지 않고 대본을 시각
화하는 방법을 스스로 터득했다. 이것이 그의 연기를 더욱 풍부하게

하는 데 많은 도움을 주었다. 자신의 단점을 장점으로 변화시킨 좋은 사례다.

어릴 때 소아마비를 앓기도 했고, 천식 때문에 숨 쉬는 것조차 힘들 어했던 한 소년이 있었다. 가족들마저 열 살을 넘기기 힘들 거라고 생 각했다. 열한 번째 생일이었다. 온 가족의 축하 속에 소년이 케이크의 촛불을 힘껏 불었다. 그러나 단 한 개의 촛불만 꺼졌다. 소년은 실망하 며 울었다. 소년을 도와 촛불을 끈 아버지는 "촛불을 끄며 무슨 소원 을 빌었느냐?"고 물었다. 소년은 울먹이며 대답했다. "내년 생일에는 저 혼자 힘으로 열두 개의 촛불을 모두 끌 수 있게 해 달라고요. 제 몸 은 왜 이렇게 약하고 불편할까요?" 아버지는 소년을 꼭 안아주며 말 했다. "네가 가진 불편함은 단순한 장애가 아니고, 하나님께서 주신 선물이야. 그 선물의 의미를 네가 잘 찾아낸다면 오히려 장애 덕분에 더욱 훌륭한 삶을 살게 될 수도 있단다." 소년은 아버지의 말씀을 가슴 에 담고 날마다 걷기 운동을 했다. 결국 그는 하버드대학교를 졸업한 후 훌륭한 지도자로 성장했다. 이 소년이 바로 미국의 제26대 대통령 시어도어 루즈벨트다.

거대한 나무들에 둘러싸인 작은 묘목일지라도 생존하기 위해 갖가 지 방법을 동원하며 애를 쓴다. 거대한 나무들과 같은 단점들이 당신 을 에워싸고 있다면 성공으로 가는 길은 무척이나 어렵다. 하지만 자 신의 가치는 현재가 아니라 내일에 있다. 단점을 극복했을 때 우리는 위대한 사람으로 거듭나게 된다. 루즈벨트가 약한 몸을 그저 단점으로 남겨 두었다면 역사 속에 훌륭한 지도자로 이름을 남길 수 있었을까?

물론 자신의 부족한 점을 맞닥뜨리고 인정한다는 것은 쉽지 않다. 단점을 극복하지 못할 경우 실패할 수도 있다는 두려움이 당신을 짓누를 지도 모른다. 그러나 모든 일이 그렇듯 앞으로 한 걸음 나아가기 위해서는 가장 회피하고 싶은 점을 고치도록 노력해야 한다. 그리고 그 노력은 그것을 정면으로 마주하고 인정하는 데서 시작한다. 단지 두렵다는 이유로 계속 현실에서 도망 다닌다면 그것은 언젠가 결정적인 순간에 당신의 발목을 잡게 될 지도 모른다. 성공한 사람이 되고 싶은가? 당신의 선택에 달려 있다.

세 번째 _ 가장 성공한 사람을 찾아라

히말라야 고산족들은 양을 매매할 때 그 크기에 따라 값을 정하는 것이 아니라 양의 성질에 따라 값을 정한다. 그래서 가파른 산비탈에 양을 놓아두고 살 사람과 팔 사람이 함께 지켜본다. 양이 비탈 위로 풀을 뜯으러 올라가면 몸이 마른 양이라도 값이 오르고, 비탈 아래로 내려가면 살이 쪘더라도 값이 내려간다. 그 이유인즉 위로 올라가는 양은 현재는 힘이 들더라도 넓은 산허리의 미래를 갖게 되지만, 아래로 내려가는 양은 현재는 수월하나 협곡 바닥에 이르러서는 굶주려 죽기 때문이다.

자신보다 낮은 곳에 있는 무언가와 비교하고 만족한다면 당신에게 내일은 없다. 고개를 들고 자신보다 강하고, 자신보다 멋지고, 자신보다 능력 있는 사람을 바라보아야 한다. 적당한 곳으로 시선이 향하면

적당한 사람 밖에 될 수 없다.

자신이 진짜 프로 감독인 양 정장 차림에 서류 가방을 들고 유니버설 스튜디오를 들락거렸던 열일곱 살의 소년이 있었다. 그 소년은 바로 영화계에서는 타의추종을 불허하는 스티븐 스필버그다.

무성영화시절 최고의 인기를 누린 찰리 채플린은 자신을 믿고 성공한 사람처럼 생각하고 행동해야 성공할 수 있다면서 이렇게 말한다. "나 자신을 믿어야 한다. 나는 고아원에 있을 때도, 음식을 구걸하러 거리에 나섰을 때도 '나는 이 세상에서 가장 위대한 배우다.' 라고 나 자신에게 말했다."

'바람의 아들' 양용은은 단 한순간도 '코리아 탱크' 최경주를 가슴에서 놓아 본 적이 없다. 자신도 언젠가는 최경주 선배처럼 우승컵을 번쩍 들어 올릴 날이 있을 것이라고 굳게 믿었다. 그리고 마침내 그 상상을 현실로 만들었다. 양용은과 그의 영웅 최경주는 닮은 점이 많다. 최경주는 한국인 최초 PGA(미국프로골프) 투어 카드 획득을 비롯해 아시아인으로서 PGA 투어 역대 최다승을 거뒀다. 양용은은 아시아인 최초로 PGA 메이저대회 챔피언에 등극했다. 이뿐만 아니다. 최경주는 중학교 때만 해도 역도 바벨을 잡다가 고등학교에 들어가서야 본격적으로 골프를 시작했고, 양용은 또한 고등학교 졸업을 앞두고 우연한 기회에 골프 연습장에서 일을 하게 되면서 골프와 인연을 맺었다. 다른 프로 골퍼들에 비해 모두 늦은 시작이었다. 양용은에게 있어 자신과 닮은 점이 많은 최경주의 행보는 선수생활에 있어 많은 자극제가 되었다. 어렸을 때는 물론 결혼 후에도 경제적으로 많이 힘들었던 양용은이 선수생활을 포기하지 않았던 이유는 한국인 최초로 거침없이 PGA 무대를 누비는 최경주가 있었기 때문이었다. 그는 PGA 투어 혼다클래식에서 우승하자마자 상금 중 1억 원을 '최경주 재단'에 거침없이 쾌척했다. 그에게 있어 최경주가 어떤 존재인지 단적으로 보여주는 예다.

아주 오래전 아리스토텔레스는 이렇게 설파했다. '용감해지려면 용감한 것처럼 행동하면 된다.' 마찬가지로 당신이 영웅이 되고 싶다면 "영웅처럼 행동하면"된다. 당신이 가고자 하는 분야에서 가장 성공한 사람이 누구인가? 그 사람처럼 생각하고 그 사람처럼 행동하라. 벤처 회사를 설립하는 것이 목표라면 일단 모델이 될 만한 회사에 들러보라. 그리고 그 회사의 CEO가 되어 있는 자신의 모습을 그려보라. 원하는 바를 생생하게 상상할 수 있다면 당신은 이미 그것을 성취한 것이나 다름없다. 당신을 자극하고 심장이 뛰게 하는 사람, 그 사람이 바로 당신의 영웅이다.

네 번째 _ 필승전략을 파헤쳐라

실패하는 사람들에게는 실패할 수밖에 없는 이유가 있다. 실패한 어제와 같은 매일을 살아가기 때문이다. 반면 성공한 사람들에게는 성공할 수밖에 없는 이유가 있다. 그들은 실패를 단순한 실패로 끝내지 않고 어떻게 하면 성공할 수 있는지 정확히 파악하고 곧바로 행동에 옮긴다.

1969년 삼성전자 설립 당시, 이 회사가 30년 후 일본 전자산업의 대표기업인 소니SONY를 능가하는 기업이 될 것이라고 생각한 사람은 아무도 없었다. 일본은 한국보다 서구화의 역사가 100년 이상 빠른 데다 이미 전 세계적으로 그 기술력과 브랜드를 인정받고 있었기 때문이다. 1980년대 말까지만 해도 삼성전자를 비롯한 어떤 한국기업도 일본의 벽을 넘어서지 못했다. 삼성전자 창업주 이병철 회장도 일본을 뛰어넘지 않고서는 세계로 나갈 수 없다는 사실을 잘 알고 있었지만 그 벽은 너무나 높았다. 하지만 포기하지 않았다. '소니를 배우자'는 모토를 내세운 삼성전자 직원들이 일본 출장 갔을 때 가장 큰 목적은 일본에서 전자제품을 구입해 뜯어보는 것이었다. 그리고 언젠가부터 삼성전자는 배우는 것을 넘어 '소니와 경쟁하자'고 외치고 있었다. 그들은 시대를 앞서는 디자인과 성능 개발에 투자를 아끼지 않았다.

결국 2000년 6월, 1996년 당시 소니의 11분의 1에 불과했던 삼성전자의 시가 총액이 처음으로 소니를 앞질렀다. 순이익 면에서도 2004년 삼성전자는 10조원 이상의 이익을 냈는데, 이는 소니의 10배 이상에 해당되고 일본 5대 전자업체의 이익을 모두 합친 것보다도 많았다. 뿐만 아니라 2005년 1월 삼성전자와 소니의 기업가치의 차이는 두 배 가까이 벌어졌다.

삼성전자는 처음부터 그들이 넘어야 할 벽이 무엇인지, 그 벽을 넘어서기 위해 무엇을 해야 하는지 명확히 알고 있었다. 처음에는 모든 것이 불가능해 보였다. 그러나 결국 삼성전자는 소니를 넘어섬은 물론

전자업계에서 세계 초우량 기업으로 성장했다. 이것은 삼성전자가 소니를 닮자고 외치는 데서 그치지 않고 소니를 넘어서 세계 최고가 되기 위해 밤낮으로 연구한 결과다.

이와 마찬가지다. 영웅처럼 되고 싶다면 그들의 습관을 파헤치고 연구해야 한다. 과연 무엇이 그들을 성공의 길로 이끌어 주었는가를 말이다. 그리고 그것을 자신의 것으로 만들기 위해 부단히 노력해야 한다. 영웅의 성공담뿐만이 아니다. 성공하기까지의 과정 속에 숨어 있는 그들의 실패와 눈물, 노력에 대해 면밀히 살펴야 한다. 성공하는 사람들은 다른 사람들이 실패하고 끝내는, 바로 거기서 성공이 시작된다고 하지 않는가. 실패의 순간, 그 원인을 파악하고 그런 실수를 되풀이하지 않기 위해 노력하는 것은 영웅이 되는 좋은 밑거름이다.

다섯 번째 _ 나만의 계획을 세워라

고급 브랜드의 옷이라 해도 당신에게 맞지 않으면 아무 소용없다. 가격과 상관없이 체형 단점을 커버하고 장점은 부각시켜 주는 옷이 가장 좋은 옷이다. 체질에 맞는 음식은 열 보약 부럽지 않고, 아무리 비싼 음식도 당신의 체질에 맞지 않으면 독이 될 뿐이다.

영웅이 되기 위한 계획도 마찬가지다. 아무리 훌륭한 롤모델을 정하고 그들이 어떻게 성공했는지 파악했다 하더라도 당신에게 적합하지 않은 계획을 세운다면 풍성한 수확을 기대하기는 어렵다. 계획을 세워 맹목적으로 열심히 실천한다고 한들 그것이 당신에게 맞지 않는 잘못

된 계획이라면 도리어 우리의 삶에 해악을 끼치고 만다.

헤비급 세계 챔피언이었던 권투선수 무하마드 알리는 "능히 할 수 있는 것에 대해 말하는 것은 결코 허풍이 아니다."라고 했다. 자신의 능력은 누구보다 스스로가 가장 잘 알고 있다. 그렇기에 자신에게 가장 적합한 계획은 자신만이 세울 수 있다. 최고의 실력을 갖춘 알리라도 자신에게 맞는 훈련 계획과 실천이 없었다면 챔피언이 되는 건 불가능했다.

내 주위를 둘러보라. 방 안에 의자와 텔레비전도 누군가 머릿속에 그려낸 것을 구체적으로 계획을 세워 연구하며 현실화했기 때문에 내 앞에 있는 것이다. 머릿속에 그려진 생각이 아무리 좋다한들 밖으로 표출되지 않으면 '그림의 떡'과 뭐가 다르겠는가. 영웅도 마찬가지다. 자신에게 맞는, 나만의 구체적인 계획을 차근차근 실천해 나갈 때 영웅은 비로소 그 모습을 드러낸다. 영웅이 되기 위해 내가 버려야 할 것과 갖추어야 할 것이 무엇이며, 언제 어떻게 행동하는 것이 가장 효율적인지 파악하고 계획해야 한다. 즉흥적인 것은 바닷가에 쌓아 올린 모래성과 조금도 다를 것이 없다. 단 한 차례의 폭풍우나 세찬 파도에도 그 모래성은 흔적도 없이 사라져 버린다.

이제 가슴에 품고 있는 영웅의 그림을 현실화하기 위한 계획을 마무리했는가. 그렇다면 당신은 롤모델에게서 얻은 신념과 성공을 스스로 이루어낼 인생 설계도를 완성했다. 이제 그 설계도는 모두 실현되는 일만 남았다.

여섯 번째_당장 시작하라

축구 경기 중 골대 앞에서 공을 오래 가지고 있으면 득점에 실패할 확률이 매우 높다. 우리나라와 다른 나라와의 축구 경기를 보면서 결정적인 골 찬스가 났는데도 골대 앞에서 우왕좌왕 하다가 결국 기회를 놓쳐버려 실망한 때가 적지 않다. 경기에 질 때마다 우리나라 축구팀에게는 '골 결정력 부족'이라는 언론의 비난이 쏟아진다. 공을 잡은 선수가 직접 골을 넣을까, 패스를 할까 하는 찰나의 고민을 하는 사이 공격선이 무너지거나 수비수가 앞서 다른 수비선을 구축하기 때문에 찬스 자체가 무산되는 경우가 많다. 골에 대한 확신이 있는 공격수는 골대 앞이든 패널티 라인 밖이든 공을 잡고서 망설이지 않는다. 자신 있게 슛을 날리고 시원한 골을 만들어낸다.

너무나도 가난했던 한 남자가 로또 당첨이 되게 해 달라고 밤낮으로 하나님께 기도했다. 남자의 모습을 지켜보던 하나님은 너무나도 답답한 나머지 이렇게 말했다. "로또 당첨이 되고 싶으면 사기라도 해야 할 것 아니냐. 기도만 하고 있는데 어떻게 로또에 당첨되게 해 줄 수 있단 말이냐." 이는 당연한 말이지만 우리가 자주 착각하는 일이기도 하다. 당신이 로또에 당첨되길 원한다면 그것을 사야 한다. 아무리 밤낮으로 기도를 하면 무슨 소용이겠는가. 로또를 사지 않는다면 전지전능한 하나님이라도 당첨되게 해줄 방법이 없다.

영웅이 되기 위한 계획도 아무리 효율적이고 훌륭하다고 한들 행동하지 않는다면 아무런 소용이 없다. 운전자가 없는 차에 올라타 바다로 떠나자고, 시원하게 해수욕하고 맛있는 회도 먹자고 근사한 계획을 세워봤자 당신은 바다에 갈 수 없다. 운전자가 시동을 걸고 액셀러레이터를 밟고 바다를 향해 핸들을 돌려야 당신은 꿈에 그리던 바다를 볼 수 있다.

이제는 계획에 따라 행동에 착수할 시간이다. 당신이 망설이는 이 순간에도 많은 여건들이 변화하고 있다. 당신은 망설인 시간만큼 변화된 상황에 맞게 또다시 계획을 수정해야 할 것이며 그 사이 누군가는 당신을 앞서 나간다. 계획은 장기적으로 세워야 하지만, 실천은 오늘을 붙들어야지 내일에 의지해서는 안 된다. 행동하는 사람만이 승리할 수 있다. 제 아무리 뛰어난 재능과 완벽한 계획을 가지고 있다고 해도 행동하지 않는다면 당신은 아무것도 성취할 수 없다. 좋은 때는 기다리는 것이 아니라 만들어가는 것이다. '지금이 행동하기에 가장 좋은 때'라는 것을 믿어라. 그리고 당신의 열정을 바쳐 행동하라.

일곱 번째 _ 두려워 말라

행동에 돌입했다면 실패를 염려에 두지 말자. 실패가 두려워 소극적으로 행동한다면 그 결과도 소극적일 수밖에 없다. 탈무드에서는 실패를 '돌아가라는 신호'로 가르친다. 실패는 끝이 아니라 좀 더 큰 가능성을 발견한 새로운 시작이기 때문이다.

갑돌이와 갑순이는 서로를 사랑했다. 하지만 누구도 먼저 고백하지 못하고 가슴앓이만 하다가 갑순이는 다른 사람에게 시집을 가고 말았다. 사랑하는 여자를 다른 사람에게 뺏긴 갑돌이는 홧김에 자신도 다른 여자와 결혼을 했다. 그리고 첫 날 밤 달을 보며 "고까짓 거, 고까짓 거."하고 되뇌며 눈물을 흘렸다.

칠복이는 최 진사댁 셋째 딸을 사랑했다. 마을에서 가장 예쁘기로 소문난 이 여인을 사랑하는 많은 남정네들은 호랑이 같은 최 진사의 기세에 눌려 제대로 고백 한 번 하는 이가 없었다. 그러나 칠복이는 대문을 활짝 열고 들어가 "여기 요즘 보기 드문 사윗감이 왔습니다."하며 절을 했다. 이 모습에 최 진사는 "허허허허~" 호탕하게 웃으며 예쁘디예쁜, 귀하디귀한 셋째 딸을 칠복이에게 내 주었다.

갑돌이는 자신의 마음을 먼저 고백하는 용기를 내지 못했고, 사랑하는 여인이 다른 남자에게 시집가는 모습을 그저 지켜보기만 했으며, 홧김에 다른 여자와 결혼을 했다. 그리고 이 못난 남자는 달빛 아래서 한때나마 사랑했던 여인을 "고까짓 거"라고 깎아 내리며 자신을 위로했다. 그러나 칠복이는 용기를 내어 주저함 없이 큰 소리로 자신이 셋째 딸을 사랑하고 있음을 최 진사와 세상에 알렸다. 자칫하면 최 진사에게 볼기를 맞고 쫓겨날 수도 있었지만 사랑을 쟁취하고자 하는 칠복이에겐 이런 건 문제가 되지 않았다.

한 여인을 사랑한 것은 갑돌이나 칠복이나 매한가지다. 하지만 그 여인을 자신의 아내로 삼은 것은 칠복이뿐이다. 사랑하는 깊이가 달라서일까, 그렇지 않다. 내 아내로 삼겠다는 굳은 의지 속에 사랑을 받아 주지 않을 것이라는 두려움을 떨치고 과감히 돌진했기에 얻은 값진 결과다. 당신도 두려움을 떨치고 목표를 향해 돌진한다면 당신의 영웅을 얻을 수 있다.

축구 경기에서 패널티킥처럼 어려운 것이 있을까. 행운인 듯싶지만 아무리 뛰어난 선수라도 꼭 골을 넣어야 한다는 강박관념과 함께 '혹시나 실패하면 어떻게 하나'라는 두려움에 휩싸이게 된다. 우리는 2002년 한·일월드컵 때 스페인과의 8강전 경기를 기억한다. 그토록 가슴 졸여가며 경기를 본 적이 없는 듯하다. 연장전까지 하며 접전을 벌였지만 승부를 가리지 못해 결국 승부차기로 승패를 가리게 되었을 때 골대 앞에서 보여주었던 우리 선수들의 대담함이란…. 두려움을 떨치고 끝까지 집중했던 우리 선수들은 결국 첫 4강 진출이라는 쾌거를 올리며 우리나라 축구 역사에 한 획을 긋지 않았던가.

야구를 예로 들어보자. '150킬로미터' 직구를 던질 수 있는 마무리 투수는 많다. 하지만 위기의 순간, 가운데 꽂히는 '150킬로미터' 직구를 던질 수 있는 마무리 투수는 드물다. 선수가 마운드에서 두려움을 극복하고 확신에 찬 공을 던지는 대담함이 그 차이를 만든다.

세상에는 숱하게 많은 영웅들이 존재한다. 그 속에서 당신만의 영웅을 찾기 위해 지금까지 숨가쁘게 달려왔다. 명확한 목표를 설정한 뒤엔 당신의 단점을 찾아 극복하기 위해 힘써야 함을 알았다. 당신이 가고자 하는 분야에서 가장 성공한 사람을 롤모델로 삼아 그처럼 생각하고 행동한다면 당신은 보다 빠르고 확실하게 그 자리에 오를 수 있다는 것을 잊지 말길 바란다. 그렇다고 영웅이 지나온 길을 그대로 답습하라는 말이 아니다. 영웅이 성공하기까지 그 과정 속에 숨은 그들의 실패와 노력에 대해 면밀히 살펴 당신에게 가장 적합한 '당신만의 전략'을 짜야 한다. 거듭되는 혁신을 통해 전략대로 거침없이 행동에 옮긴 순간, 당신의 영웅은 새로운 모습으로 탄생하게 된다. 물론 실패를 할 수도 있다. 핵심은 마인드다! 실패는 누구나 겪는 일이다. 실패가 두려워 행동하지 않는다면 당신은 아무것도 얻을 수 없다. 실패를 진전의 기회로 삼는 자세가 중요하다. 당신만의 영웅을 찾은 당신의 다음 행보가 기대되지 않는가.

3장
영웅으로 인한 3가지 변화

빌 클린턴은 고등학생 때 케네디 대통령을 만난 이후 미국 대통령의 꿈을 가슴에 품었고, 신지애는 박세리가 LPGA를 누비며 여왕으로 등극하는 모습을 보며 챔피언이 된 자신의 모습을 그렸다. 이들은 자신의 가슴에 품은 영웅을 통해 보다 큰 꿈을 키웠고, 목표를 향해 끊임없이 매진할 힘을 얻었다. 영웅들은 영웅을 꿈꾸는 사람들의 심장을 뛰게 한다. 그리고 그들의 용기와 정신은 많은 사람들의 삶에 놀라운 변화를 가져다준다.

평범한 직장인이었던 나는 톰 피터스라는 영웅을 만나게 되면서 '그와 같이 생각하고, 그와 같이 말하고, 그와 같이 행동하기' 위해 끊임없이 노력했고, 다시 태어났다. 내가 영웅을 통해 변화와 발전이라

는 선물을 받았던 것처럼 당신 또한 당신의 영웅으로부터 상상 이상의
큰 선물을 받을 것이라고 확신한다.

거울 앞에 앉아 자신을 바라보라. 그리고 물어보길 바란다. '현재
살아가는 모습에 만족하는지, 만족하지 못한다면 진심으로 원하는 것
은 무엇인지' 말이다. 어쩌면 한 번에 답을 찾을 수 없을지도 모른다.
평생을 잊고 지냈던 문제에 대한 답을 한 번에 찾는다는 것이 오히려
더 이상하지 않은가. 하지만 충분히 투자할 가치는 있다. 당신에게 영
웅이 필요함을 절실하게 느끼게 될 것이다.

당신이 선택한 영웅을 통해 당신은 열광하게 될 것이고, 무섭게 돌
진할 것이며, 어느 순간 영웅으로 등극한 당신을 발견하게 될 것이라
확신한다.

열광하게 할 것이다

현대인들은 바쁘다. 상사의 명령, 주변인들의 기대에 부응하기 위
해 최선을 다하며 살아도 정작 자신이 어떠한 삶을 원하고 있는지 자
신의 진심에 귀 기울이는 데는 인색하다. 아니, 대부분이 잊고 산다고
해도 무방할 듯하다.

나도 그랬다. 샐러리맨이었던 나는 언제나 바빴다. 새벽같이 출근
해서 매일 야근이었고 상사 눈치 보느라, 술 접대 하느라 몸과 마음은
찌들대로 찌든 상태였다. 휴일조차도 골프 접대로 상납(?)해야 하니 나
만의 시간을 가질 여유는 없었다. 내 일상의 모든 것은 회사조직에 맞

추어 계획되고 실행됐다. 실적이라는 목표를 향해 밤낮없이 뛰었고, 꽤 능력 있는 사원으로 인정받기도 했으나 나는 언제나 가슴 한쪽이 허함을 느꼈다. 열심히 살고 있는데 왜 나는 행복하다고 느껴지지 않는지 스스로에게 물음을 던지곤 했다. 하지만 이것은 진지한 고민이었다기보다 술자리에 뿌려지는 불평·불만 정도의 수준이었다. 나라는 사람은 어제 그렇게 살았듯이 내일도 그렇게 살아갈 것이란 걸 스스로 너무 잘 알았기 때문이다.

그러나 어느 순간 갑자기 몸과 정신이 타버린 종이처럼 언제 으스러질지 모르는 위기감 속에서 새로운 돌파구를 갈망하기 시작했다. 샐러리맨이라면 누구나 한 번쯤 경험하듯이 가슴 깊은 곳에서 삶의 변화에 대한 절박한 요구가 파도처럼 밀려왔다. 스티븐 코비의 《성공하는 사람들의 7가지 습관》, 피터 드러커의 《프로패셔널의 조건》 등 내 삶을 환기시켜줄 만한 책들을 손에서 놓지 않으며 끊임없이 삶에 대한 답을 찾기 위해 노력했다. 그러던 중 나는 《초우량기업의 조건》을 쓴 톰 피터스를 만났다.

기본과 원칙을 강조했던 스티븐 코비와 피터 드러커에 반해 "격식 파괴와 혁신"을 부르짖는 톰 피터스의 메시지는 그야말로 막혀있던 내 가슴을 '뻥' 뚫어주었다. 정말로 신나고 충격적이었다. 그는 기존 기업 문화에 주저 없이 망치를 들이댔다. 마치 내 심정을 대변이라도 하듯 그는 통제되고 경직되었던 기업 문화를 폐기처분시키고 '자율·열정·창조성'이라는 새로운 가치로 환기시켰다. 이전에 무시되었던 개성, 상상력은 물론 광기마저 새롭게 주목 받는 시대를 열고자 했다.

이것은 톰 피터스가 자신의 이론을 펼치면서 사용한 용어에도 그대로 드러난다. 예컨대 '창의적 절도Creative swiping(조직 외부의 혁신적인 아이디어를 이용하는 행위)' '미친 조직Crazy organization(이익, 성장, 경제적 성공의 기폭제로 창의력과 열정을 적극 장려하는 조직)' '스컹크Skunk(관료주의에서 벗어나 자유로운 사고 가운데 혁신을 도모하는 인습 타파주의자, 규칙 파괴자)'와 같은 개념이 그렇다. 일부에선 톰 피터스의 주장들을 궤변이라고 비웃기도 했지만 그의 언어들은 내게 통쾌한 대리만족을 주기에 충분했다.

그의 매력은 이뿐만이 아니었다. 1회 강의료가 십만 달러를 상회한다는 보도는 그야말로 평범한 직장인이었던 내게 복권 당첨과 견줄 만한 부러운 충격이자 유토피아였다. "저렇게 살면 얼마나 좋을까?" 매일 밤 나는 넘치는 자신감으로 세상을 향해 당당히 외치는 그의 삶을 머릿속에 그리곤 했다.

나는 그를 '지식경영 세계의 헤비급 복서'라고 생각했다. 나비처럼 날아서 벌처럼 쏜다는 무하마드 알리와 한 방에 보내겠다는 무시무시한 펀치력의 조지 포먼을 합성한 것처럼, 날렵함도 있고 중압감도 있어 상대선수를 단번에 제압하는 헤비급 복서말이다. 야구로 말하자면 1번 타자의 기동력과 4번 타자의 파워를 함께 겸비했다고나 할까? 나는 정말이지 그와 같은 삶을 살고 싶었다.

하지만 그는 여전히 바라보는 것만으로도 벅찬 나의 우상일 뿐이었다. 그와 같이 되고 싶다는 마음뿐이었지, 강력한 동기가 부족했다. 나름 회사에서 인정받으며 경제적으로도 안정적인 생활들을 해 나가고 있었기에 모험은 망설여졌다. 그저 톰 피터스는 내게 하늘에 떠있는 별이요, 나는 들판에 머무는 한 포기의 풀에 불과했다.

행동하게 할 것이다

20년의 직장생활에 마침표를 찍었다. 명분은 명예퇴직이었지만 어려운 회사 분위기에 밀려 정리해고된 것이나 마찬가지였다. 회사를 그만두자 갑자기 모든 것이 천천히 움직이는 것 같았다. 내 인생은 갑작스럽게 여백들로 넘쳐났지만 나는 할 일이 없었다. 당시 내게 유일한 친구는 술이었다. 매일 밤, 술을 마시며 과거 잘 나가던 시절을 떠들어대고 결국은 현재 내가 처해있는 상황과 미래의 암울함에 대해 탄식하며 내 인생에 '부정의 돋보기'를 들이대기 시작했다.

그러자 비참한 나의 현실은 더욱 명확해졌다. 분명 굉장히 바쁘게 살았고, 무언가 목표를 향해 나아가고 있다고 생각했는데 내게 남은 건 단 몇 푼의 퇴직금뿐이었다. 아직도 어린 아들들과 나만을 바라보고 있는 아내를 생각해서라도 일을 찾아야 했다. 하지만 나이 들고 연봉 높은 나를 받아 줄 새로운 직장은 꿈도 꿀 수 없었으며 그렇다고 변변한 기술을 가진 것도 아니었기에 뭐하나 희망적인 것이 없었다. 그 당시엔 너무나 막막해서 내일의 희망을 갖고 용기를 내라는 애기 따위는 내 귀에 들어오지 않았다.

하루를 견디는 건 힘들었지만 1주일, 한 달은 덧없이 흘러갔다. 문득 정신을 차려보면 시간은 훌쩍 훌쩍 잘도 흘러가 있었다. 여느 날과

다를 바 없던 오후, 무심코 들어선 서재에서 나는 톰 피터스의 책을 발견했다. 몇 년 전 내 가슴을 뛰게 했던 그 책을 말이다. 무언가에 이끌리 듯 나는 그 책을 읽어 내려가기 시작했다. 오랜 시간 동안 한순간도 손에서 책을 놓지 않고 읽어 내려간 나는 다시금 내 가슴이 뛰고 있다는 걸 발견했다.

"실행하지 않고 어떻게 맞는지 아닌지 알 수 있겠는가? 유일한 방법은 직접 부딪쳐 보는 길뿐이다. 실패를 두려워 마라." 모든 것을 탓하고 절망하던 지난 내 모습들이 스쳐 지나갔다. 그렇다. 나는 아무것도 하지 않으면서 실패할 것을 두려워했다. 세계 최대의 유통기업 월마트의 창업자 샘 월튼은 실패할 때마다 '이 아이디어가 틀린 걸 알았어. 이젠 다음 아이디어를 시험할 차례야'라며 스스로와 직원들을 격려했다고 한다. 나 자신에게도 그런 격려가 필요한 순간이란 걸 비로소 깨달았다.

나는 내 가슴의 외침에 귀를 기울이기 시작했다. 당장 나에게 필요한 것은 무엇이며, 어디를 향해 가고자 하는지를 듣기 위해 노력했다. 그리고 마침내 그 소리가 들리기 시작했다. 톰 피터스는 더 이상 기업에 기대지 말고 1인 기업을 창조해야 하는 시대가 도래했다고 말했다. 나는 "내 삶의 CEO가 되겠다."고 결심했다. 사람들을 좋아하고, 사람들 앞에 서는 걸 좋아하는 나의 특성을 살려 나만의 브랜드를 만들어 내기로 했다. 결심하고 나니 마음이 급했다. 구체적인 계획을 세우고 행동에 옮겨야 했다. 드디어 나는 상상 속에서 부러워만 하던 톰 피터스와 같은 삶을 향한 첫 발을 내디뎠다. "상상을 경영하라." 이 얼마나 멋진 말인가.

톰 피터스는 "어느 나라건 지난 50년 동안 잘 굴러가게 했던 모든 것들이 미래에는 더 이상 유효하지 않다."며 "벤치마킹을 버리고 퓨처마킹Futuremarking을 하라."고 말한다. 기존의 성공 방식들을 따르는 것이 아니라, 스스로 미래를 주도하고 변화시켜 나가야 한다는 주장이다. 나만의 브랜드를 만들어 낼 때 이 같은 생각은 주효했다. 나는 브랜드 전략의 핵심을 차별화, 혁신, 열정으로 삼았다. 똑같은 것으로는 앞서갈 수 없으며, 정체되어 있다면 내일이 없고, 열정이 없다면 끊임없이 차별화와 혁신을 주도할 에너지를 만들어 낼 수 없기 때문이다.

차별화된 무엇, 나는 '골프와 마케팅의 연계'를 선택했다. 경영인들은 누구나 골프에 관심이 있으며, 현대사회에서 마케팅의 중요성은 새삼 논하지 않아도 될 사안이지 않는가. 하지만 그 누구도 골프와 마케팅을 함께 두고 생각하지는 못했다. 나는 골프에 마케팅 이론을 접목시켜 '골프와 경영' '골프와 리더십' '골프와 마케팅' '골프와 인생' 등 차별화된 새로운 메시지를 만들어냈다.

그리고 나는 '마케팅 시인'이라는, 나를 가장 잘 알려줄 나만의 별명을 만들어냈다. 톰 피터스는 또 다른 저서 《와우프로젝트》에서 자신의 명함에 나를 명확히 인식시킬 수 있는 별명을 넣으라고 말하지 않았던가. 그 파급력과 영향력은 대단했다. 명함을 받아든 모든 사람들이 나에 대해 좀 더 궁금해 하기 시작했다. 드디어 나는 세상 어디에도 없는 완벽한 브랜드를 창조해냈다.

성취하게 할 것이다

처음에 아무 기반도 없는 상황에서 시작하기란 쉬운 일이 아니었다. 학력도, 경력도 유별날 게 없었던 나에게 관심을 가져주는 기관이나 사람들은 없었다. 하지만 나는 두렵지 않았다. 왜냐하면 나는 세상에 둘도 없는 무기를 가지고 있었고, 이 무기에 대한 확신이 있었기 때문이다. 나의 확신을 행동으로 표출할 지치지 않는 열정도 충분했다.

나는 두드리고 또 두드렸다. 신문사의 문을 두드리고 기업의 문을 두드렸다. 누군가 나의 글을 읽어주고, 나의 이야기를 들어줄 때까지 멈추지 않았다. 하지만 이젠 기업 강의 스케줄로 일주일이 어떻게 지나가는지 모른다. 또한 〈삼성경제연구소〉에서 선정한 '대한민국 대표 명강사 99인' 중 최고의 명강사로 선정되었으며, 〈조선일보Trend & Issue〉에서 '스포츠분야 최고 스타강사'로 뽑히기도 했다. 청중 앞을 오가면서 '혁신' 아니면 '죽음'을 달라고 외치던 톰 피터스처럼 나 또한 혁명적이고 열정적인 메시지를 사람들에게 전하기 위해 노력했다. 사람들의 정체된 삶을 파괴하고 그들의 심장이 뛸 수 있도록 말이다.

결국 나는 톰 피터스를 통해 변화했다. 물론 내 삶을 변화시킨 주체는 나 자신이었지만, 분명 그의 모든 것이 나에게 영향을 미쳤다. 그리고 이제 나의 메시지가 다른 사람들에게 영향을 미치고 있다. '최초가 최고First is Best'라는 톰 피터스의 전략은 내 인생에 딱 맞아 떨어졌다.

GEGeneral Electric와 코닥은 한때 〈포브스〉가 선정하는 '미국의 100대 기업'에 꼽히기도 했다. 하지만 현재 '디지털'을 이해하지 못한 코닥은 추락의 길을 걷고 있고, GE만이 시장 평균치 이상의 실적을 내고 있다. 50년 전의 100대 기업 가운데 현재까지 살아남은 곳은 7개뿐이다. '영원한 기업'이란 없다. 시대의 흐름에 맞추어 혁신하지 못한다면 반드시 도태되기 마련이다. 보다 과감한 행동으로 변화에 대응하고 변화를 주도하는 기업만이 살아남을 수 있다.

오래 된 영화 중 〈잊혀진 여인〉의 광고 카피가 아직도 기억난다. '이 세상에서 제일 불행한 여인은 아픈 여인도 아니고 죽은 여인도 아니고 잊혀진 여인이다.' 상품도 마찬가지다. 나는 잊혀지지 않기 위해 도전하고 또 도전하고자 한다. 그리고 끊임없이 혁신할 것이다.

당신은 이제 초지일관, 절차탁마, 청출어람의 세 가지 기본자세가 앞으로 영웅이 되기 위한 여정에서 우리에게 얼마나 큰 영향을 미칠 것인지 알았다. 이제는 그것을 행동으로 옮기고 그 과정에서 영웅들이 주는 선물을 기쁨으로 마음껏 체험하는 일만이 남아 있다.

지금까지 영웅을 만나기 위해서 어떤 마음가짐을 가져야 하는지, 또 자신의 롤모델을 어떻게 정해야 하는지에 대해 이야기했다. 이제 영웅을 만날 준비가 되었는가. 그렇다면 본격적으로 영웅이 되기 위한 여정에 돌입해야 한다. 과연 영웅은 어떤 과정을 통해 탄생하는 것일까.

나를 영웅으로 만들어 주는
8단계 기술

영웅이 되는 시스템을 안다고 해서
영웅이 될 수 있는 것은 아니다.
다만, 영웅으로 거듭나길 원하는 당신을 위해
실수를 줄여 줄 수 있는 방향을 제시할 뿐이다.
영웅으로 탄생하느냐 못 하느냐 하는 것은
순전히 당신의 몫이다.

Step 1. 영웅처럼 생각하라

1장

2010 밴쿠버 올림픽은 우리나라에게 여러모로 의미 있는 대회였다. 동계올림픽 참가 이후 최다 메달을 획득하며 가장 좋은 성적을 냈고, 그 동안 쇼트트랙에 편중되었던 메달을 스피드 스케이팅과 피겨 등 다양한 종목에서 획득하는 괄목할 만한 결과를 낳았다.

기대도 하지 않은 종목에서 따낸 금메달에 우리들은 벅찬 감동을 느끼고 열광했다. 유럽선수들에 비해 왜소한 신체적 조건으로 고전을 면치 못했던 스피드 스케이팅이었기에 세 개의 금메달을 획득한 것은 세계 빙상계를 놀라게 하기에 충분했다. 더욱이 모태범, 이상화에 이어 10,000미터에서 금메달을 획득한 이승훈 선수가 쇼트트랙에서 스피드 스케이트팀으로 전향한 지 7개월밖에 되지 않았다는 사실은 세계 스포츠사에 남을 일대 사건이었다.

하지만 스피드 스케이팅에서 세 선수가 금메달을 딴 것은 절대 우연이 아니다. 그 누구도 기대하지 않았고 기록상으로도 절대 우위에 있지 않은 그들이었지만, 세 선수는 자신들이 금메달을 따지 못할 것이라는 생각을 품은 적이 없다. 오로지 그들의 목표는 올림픽 금메달이었다. 세상이 가당치 않은 목표라고 비웃어도 그 목표는 흔들림이 없었다. 그들이 품은 큰 생각은 결국 세계 최고의 기록을 달성케 했다.

생각은 굳이 대가를 바라지 않는다. 환경과 조건을 따지며 생각하기를 두려워할 필요는 없다. 생각은 당신의 기대보다 훨씬 큰 가능성의 문을 열어 준다. 그것은 대한민국을 넘어서 세계의 가치관과 역사를 바꾸는 선택이 될 수도 있다. 꿈은 크게 품어라. 큰 생각들로 가슴을 채워라. 그렇다면 당신은 이미 경쟁자들에 비해 몇 발자국 앞서가는 것이며, 성공의 기회를 잡을 확률은 더욱 더 커진다.

영웅다운 생각이 영웅을 만든다

故정주영 회장은 생전에 대학생들을 대상으로 한 강연에서 현대가 절대적으로 부족한 기술력과 자본에도 불구하고 조선업 진출을 결심할 수 있었던 이유에 대해 이렇게 얘기했다.

"우리가 조선업에 뛰어든 이유는 간단합니다. 건설사업에서 얻은 노하우와 기술들을 이용하면 조선업이야말로 누워서 떡먹기 아니겠습니까. '배가 무엇이냐. 큰 건물에 엔진을 달면, 그게 배가 아니냐'고

저는 생각했습니다. 건물을 만드는 기술은 우리가 최고라 이겁니다. 철판을 구부리고 용접하여 선박을 만드는 것은 빌딩을 만드는 것과 같은 것이고 배 안에다가 보일러와 엔진, 발전기 등을 설치하고 프로펠러를 달면 움직이는 빌딩이 되는 거 아니겠습니까? 건축, 보일러, 발전기 등은 모두 현대건설이 하던 일입니다."

사람들은 조선업이라는 거대한 분야를 개척하려는 故정주영 회장에게 우려의 시선들을 보냈다. 우리의 실력으로 결코 해낼 수 없을 것 같은, 기술도 자본도 턱없이 부족한 불모지였기 때문이다. 하지만 그런 것들은 장벽이 될 수 없었다. 그는 현대건설로 쌓은 기술력을 바탕으로 국내의 풍부한 노동력을 활용한다면 조선업은 반드시 성공할 수 있다고 확신했다. 마침내 그의 큰 생각은 현대중공업을 세계 조선업계 제1의 자리에 올려놓았다. 故정주영 회장이 큰 배를 만들 수 있다는 큰 생각을 품지 않았다면, 오늘날 조선업계 세계 제1의 대한민국은 없다.

故정주영 회장이 조선업의 기틀을 마련했다면, SK그룹의 故최종현 회장은 1970년대의 석유파동으로 인한 극심한 불황 속에서도 기업의 토대를 굳혀 그 경영능력을 인정받아 석유화학과 정보통신이라는 그룹의 양대 축을 마련했다. 기업의 최종목적이 이윤을 추구해야 하는 것은 어쩔 수 없는 일이지만 故최 회장은 기업의 이익보다 국가의 이익을 먼저 생각하는 스케일이 큰 기업인이었다. 인재 키우는 일에도 앞장을 섰던 故최 회장은 장학금을 줄 때 그 어떤 조건도 내걸지 않았다. 보통 기업에서는 장학금을 줄 때 기한이나 금액에 한정을 두기도 하고 공부를 마치면 '우리회사로 와야 한다'는 조건을 붙이는 게 다반

사였는데 故최 회장의 인재 후원은 남달랐다. 학비 외에도 생활비 등을 지원해 오직 공부에만 집중할 수 있게 배려했다. 또 졸업 후엔 대학이든 연구소든 마음대로 진로를 선택할 수 있게 했다. 단 하나의 조건이 있다면 그건 '반드시 한국으로 돌아오는 것'이었다. 작은 일보다는 큰 사업에 과감하게 투자했고, 나라 전체에 이로운 사업이라면 자신의 이익을 내던졌으며 인재 키우는 일에 인색하지 않았던 故최 회장은 생각이 큰 사람이었기에 오늘날의 SK그룹을 이루어냈다.

기업인들만이 큰 생각을 품는 것은 아니다. 그 무엇도 시도할 수 없을 것 같은 신체적 장애를 지닌 사람도 큰 생각을 품어 세상을 뒤집었다. 지난 2001년 에릭 웨이언메이어라는 사람이 세계 최고봉인 에베레스트 등반에 성공하자 세계는 놀라움을 금치 못했다. 오르기 힘든 산이긴 하지만 이미 많은 산악인들이 등정에 성공했는데도 불구하고 새삼스럽게 언론이며, 산악인들의 이목이 집중된 이유는 무엇일까. 웨이언메이어에게는 시각장애라는 평범하지 않은 조건이 하나 더 있었기 때문이다.

그는 13세 때 망막박리증이라는 유전병으로 시력을 완전히 잃었다. 앞을 못 보게 된 이후 친구들과 어울릴 수 없게 된 그에게 유일한 친구는 점자책과 음악뿐이었다. 집에서의 답답한 생활에 짜증이 난 어느 날, 그는 무작정 현관문을 열고 집을 나섰다. 그가 맞닥뜨린 세상은 너무나 낯설었다. 계단을 지나고 웅덩이를 지나 나무와 울타리를 지나면서 그는 넘어지고 또 넘어졌다. 그러길 얼마나 했을까, 그의 뒤에서 낯익은 목소리가 들렸다. 앞을 보지 못하는 아들이 사라진 것을 알고 그를 찾아 헤매던 어머니였다. 그를 부둥켜안고 울던 어머니는 "울지마세요, 어머니. 하나도 아프지 않아요."라는 아들의 위로를 듣고 얼마 후 그의 손에 지팡이를 쥐어주었다. 넘어지고 쓰러지더라도 이제는 아들이 넓은 세상에서 살아갈 준비를 해야 한다고 생각했기 때문이다. 그리고 함께 산에 오르기 시작했다. 산은 그에게 새로운 희망이 되었다. 처음에는 산을 오르기 위해 누군가의 도움을 받아야 했지만 곧 익숙해졌고 혼자서도 제법 잘 오를 수 있게 됐다.

이렇게 시작된 산악인으로서의 삶은 웨이언메이어의 인생을 바꾸어 놓았다. 그는 세계 7대 대륙의 최고봉을 오르겠다는 목표를 세웠다. 그리고 북아메리카의 맥킨리봉을 시작으로 킬리만자로, 아르헨티나의 아콩카과의 정상을 밟았고 2001년 드디어 세계 최고봉 에베레스트 등정에 성공했다. 등정을 마치고 난 뒤 인터뷰에서 그는 이렇게 말했다. "사람이면 누구나 넘어야 할 마음의 산을 갖고 있다. 앞이 보이지 않는다는 것은 분명 장애지만 난 이겨냈다. 하지만 마음의 장애를 이기지 못하고 방황하는 사람들이 의외로 많다. 인생의 걸림돌은 외부적인 것이 아니라 당신 마음속에 들어 있다. 무엇이 자신의 성공을 가로막고 있는지 가장 잘 알고 있는 사람은 바로 당신이다."

웨이언메이어가 시각장애를 딛고 일반인도 오르기 힘든 에베레스트의 정상을 밟은 것은 세계 최고봉 등정이라는 큰 생각을 가슴에 품었기 때문이다. 자신에게 주어진 불평등한 조건은 별 문제가 되지 않았다. 큰 생각을 품은 그는 단지 또 한 명의 산악인으로서 정상을 향해 매진했고 성공을 맛볼 수 있었다.

인생의 모든 것은 생각에서 비롯된다. 당신은 삶을 사는 동안 수많은 생각을 하고 선택을 한다. 그리고 이것이 인생의 방향을 결정한다. 당신이 존재하는 오늘은 어제의 생각이 데려다 놓은 자리이며, 내일은 오늘의 생각이 데려다 놓을 자리에 존재한다. 그렇기에 지금 이 순간 무엇을 생각하느냐는 미래와 직결되는 매우 중요한 문제다. 생각만큼 성취를 제한하는 것은 없다. 자신의 능력을 믿지 못하고 도전을 두려워하는 사람들은 늘 자신의 틀 안에 갇혀 성취와는 거리가 먼 삶을 살아간다. 반면 세상에는 생각만큼 자유로운 것도 없다. 자유로운 생각은 우리 인생의 가능성을 무궁무진하게 확장시켜 준다. 이것은 법도, 경제력도, 사회적 지위도 제약할 수 없다. 가슴 속에 위대한 생각을 품어라. 당신의 삶은 위대한 것을 성취하기 위한 방향으로 흘러갈 것이다.

당신의 머릿속은 어떤 생각으로 가득 차 있는가. 성취를 제한하는 생각에 머물러 있는가, 생각의 자유로움을 마음껏 누리며 무궁한 가능성을 손에 쥐고 있는가. 영웅이 될 수 있는 큰 생각을 가슴에 품는 것, 그것은 영웅이 되기 위한 첫 걸음이다. 영웅다운 생각이 영웅을 만든다.

실패에서 성공을 부른 생각

2002년 10월 박사 학위도 없는 일본의 평범한 엔지니어가 노벨 화학상을 수상했다. 숱한 논문을 발표한 저명한 박사들도 받기 힘든 노벨상이기에 세상이 놀랐다.

주인공은 바로 다나카 고이치. 어렸을 때 과학천재라는 말을 듣기도 했지만 그의 뜻대로 되는 일은 하나도 없었다. 대학원 진학이 아닌 취직을 택했지만 낙방의 연속이었다. 어렵사리 지도 교수의 추천으로 기계 장비를 제작하는 중견기업 시마즈제작소에 입사했다. 몇 년이 지나도록 말단 연구원 신분을 벗어나지 못했지만 어린 시절부터 실험을 무척이나 좋아했던 그는 그저 실험을 계속 할 수 있다는 것에 만족했다.

그러던 어느 날, 고분자의 질량분석법을 연구하던 다나카는 아세톤을 섞어야 하는 금속 나노입자에 글리세린을 붓는 실수를 하고 말았다. 실험을 망쳐 속상해하며 글리세린을 섞어버린 혼합물을 버리려던 순간, 다나카는 "쓸모없는 물건이라도 간직해두면 언젠가 꼭 유용하게 쓰일 때가 있는 법"이라는 할머니의 가르침이 떠올랐다. 실패한 실험이라도 만일을 위해 그 결과를 기록해 두는 것이 좋겠다고 생각한 다나카는 실패한 화합물을 측정해 보았다. 그런데 의외의 결과가 나왔다. 아세톤을 섞은 것보다 글리세린을 섞은 것이 비타민B12의 이온화가 더잘 됐다. 이 방법은 '소프트 레이저 이온화법'이라 불리는데, 이 방법으로 인해 분자량 3만 5천인 단백질도 파괴되지 않고 이온화가 가능해졌다. 결국 실패도 그냥 넘기지 않은 그의 남다른 생각이 화학계의 새로운 발견, '소트트 레이저 이온화법'을 세상에 알렸고, 노벨 화학상을 수상했다.

다나카가 했던 실수와 비슷한 사례로 우리에게 생활 속 편리함이라는 선물을 준 이도 있다. 우리 주변에서 늘 볼 수 있지만 평소에는 그 편리함을 느끼지 못하다가 없을 때 비로소 불편함을 느끼게 되는 '포스트잇Post-it'을 탄생시킨 스펜서 실버에 관한 이야기다.

1970년대 3M사에서 일하던 스펜서 실버는 어느 날, 접착제를 만들기 위해 원료들을 혼합했는데 비율을 잘못 맞추고 말았다. 결국 접착력이 너무 약한 접착제는 상품으로서의 가치를 잃은 채 구석에 그대로 방치되는 신세가 되었다. 그런데 그의 동료였던 아트 프라이가 악보를 건드리지 않고 필요한 부분을 표시하는 방법을 찾던 중 이 접착제에 관심을 보였다. 작은 종이에 이 접착제를 발라 악보에 붙이니 악보를 상하지 않게 하면서도 손쉽게 떼고 붙일 수 있었다. 얼마 후 프라이는 상사에게 보고서를 올리면서 질문이 있는 페이지에 이 종이를 사용했고, 상사는 이 종이 위에 답을 써서 프라이에게 보냈다. 다른 종이를 상하지 않게 하면서 페이지 표시를 가능케 했던 이 종이는 의사소통의 통로 역할로 활용영역이 넓어졌다. 색다른 생각이 실패한 듯 보였던 계획(접착제)을 성공적인 계획(포스트잇)으로 이끌어준 결과다.

실패인 듯 보였던 선택이 커다란 성과로 바뀐 경우는 국가 간에도 존재했다. 북아메리카 북서쪽 끝에 있는 알래스카의 면적은 153만 694제곱킬로미터. 미국의 50개 주 가운데 가장 크며, 한반도의 7배나 된다. 북쪽은 북극해, 남쪽은 태평양에 맞닿고 서쪽은 베링해협을 사이에 두고 시베리아와 마주친다. 18세기 초, 러시아 피터 대제 1세의 명령을 받은 베링은 알래스카를 탐험했고 그 후 알래스카에서 생산되는 모피가 러시아 궁정 내에서 크게 환영받았다. 이로 인해 러시아는 지사를 파견해 이곳을 통치했지만 수도 상트페테르부르크에서 너무 멀어 통치하기가 어렵고 관리비용도 많이 들었다. 게다가 안팎으로 형편이 어려워지자 러시아는 1859년 알래스카를 미국에 양도하겠다는 의사를 내비쳤다.

결국, 당시 미국의 국무장관이었던 윌리엄 스워드는 1867년 3월 23일에 러시아 무역회사의 부채 700만 달러를 인수하고 또한 보상금으로 20만 달러를 지급한다는 내용에 합의했다. 이는 1에이커(야드-파운드법의 면적 단위)당 고작 '2센트'에 지나지 않는 금액이었다. 이 거래가 성사된 후 러시아는 시원하게 잘 팔아 넘겼다고 기뻐하며 교섭당사자에게 거액의 상금을 내렸다. 이에 반해 미국은 알래스카를 두고 '이 세상의 지옥' '윌리엄 스워드의 냉장고' '스워드의 무용지물Seward's Folly'이라고 하는 등 비난 여론이 들끓었다. 심지어 국무장관이 러시아로부터 뇌물을 받은 것이 아니냐는 말이 나올 정도였다.

그러나 10여 년이 지난 뒤, 모든 상황은 역전되었다. 알래스카에서 금광과 함께 대규모의 석유와 가스 자원이 발견된 것이다. 석유의 경우 확인된 매장량만 45억 배럴로 2,700억 달러에 달했다. 게다가 알래스카의 한 섬에서 수확된 모피가 알래스카를 구입하기 위해 지불한 720만 달러의 7배에 달하는 액수로 거래되고, 지구상에 남아 있는 마지막 생태의 보고로 세계의 이목을 집중시키면서 관광객까지 끌어 모았다. 러시아는 아픈 배를 움켜쥐고 미국은 환호성을 질렀다.

마침내 얼음 속에 감춰진 가치를 알아봤던 스워드는 나라의 영웅이 되었고, 알래스카의 중앙을 지나는 큰 고속도로에는 '윌리엄 스워드 고속도로'라는 명칭이 붙여졌다. 그리고 미국은 1959년 '거저 주은 황금 땅'을 49번째 주로 지정했다. 실패의 땅(러시아의 알래스카)이 성공의 땅(미국의 알래스카)으로 거듭났다.

세상에 완전한 실패란 없다. 토마스 에디슨이 "영원히 실패하는 것은 아무 것도 없으며 실패란 효과가 없는 방법을 하나 더 발견하는 과정에 불과하다"고 말했던 것처럼 말이다. 실수로 아세톤 대신 글리세린을 넣은 혼합물은 '소프트 레이저 이온화법'을 발견하기 위한 또 다른 방법이었고, 재료 혼합에 실패한 접착제는 포스트잇을 만들어 내기 위한 과정이 되었으며, '윌리엄 스워드의 거대한 얼음 냉장고'는 거대한 자원을 품고 있었다.

영웅이 되기 위해 가장 경계해야 할 것 중 하나는 습관적인 실패다. 거듭되는 실패는 자신감을 떨어뜨리고 도전에 대한 의지를 꺾는다. 사람들의 시선도 점점 차가워진다. 하지만 진짜 영웅이 되길 원한다면 이제부터가 시작이라는 걸 기억해야 한다. 실패를 '완전한 실패'로 만드느냐, '새로운 기회'로 만드느냐의 차이는 그것을 받아들이는 생각에 달려있다. 좌절을 극복할 수 없는 것으로 생각하고 도전을 멈추어 버린다면, 당신은 완전한 실패자로 남게 된다. 반면 실패를 두려워하지 않고 끝없이 도전한다면, 당신은 실패 속에서 분명 새로운 기회를 잡을 수 있다.

새 길을 여는 발상의 전환

몇 년 전 크리스마스 시즌, 미국에서는 없어서 못 팔정도의 히트상품이 탄생했다. 일명 '거꾸로 크리스마스 트리'. 전통적인 모양의 트리를 천장에 매달아 놓은 형태였다. 원래 '거꾸로 트리'는 크리스마스

용품점들이 판매공간을 절약하고, 트리 장식물을 손님 눈높이에 맞춰 더 많이 달기 위해 채택했던 전시방식에서 나온 아이디어였다. 매장을 찾는 사람들이 이 독특한 트리에 관심을 갖게 되면서 상품화될 수 있었다. 트리 제작에 더 많은 비용이 드는 것도 아니었는데, 발상의 전환 하나로 이 '거꾸로 트리'는 없어서 못 파는 크리스마스 히트상품이 되었다.

우리는 크리스마스 트리 하나도 남들과 다른 것을 갖고 싶어 하는 시대에 살고 있다. 같은 종류라해도 이왕이면 '톡톡 튀는 것'을 선호한다. 사람들의 이목을 집중시키기 위해 '발상의 전환'은 이제 선택이 아니라 필수사항이다.

재미있는 영화에서도 발상의 전환은 빼놓을 수 없는 요소이다. 영화 〈카오스〉가 재미를 더 할 수 있었던 것은 결말에서 범인을 쫓던 코너스 형사가 범인으로 드러나는 반전이 있었기 때문이다. 시종일관 코너스 형사의 편에서 영화를 바라보던 관객들의 고정관념을 뒤엎었다.

영화 〈디 아더스〉 또한 발상의 전환이 주는 재미를 톡톡히 맛볼 수 있는 작품이다. 사람이 귀신을 두려워한다는 일반적인 관점에서 벗어나 귀신의 입장에서 사람들을 두려워하는 모습을 담아내 완벽한 발상의 전환을 이루었다. 니콜 키드먼이 분한 그레이스와 두 아이의 정체가 귀신이었으며 그들이 내내 두려워했던 대상이 바로 사람이었다는 내용은 영화를 보는 사람들로 하여금 신선한 재미를 느끼게 했다.

전 세계인의 입맛을 사로잡은 포테이토칩을 탄생시킨 생각도 흥미롭다. 오프라 윈프리가 본격적인 다이어트에 돌입하기 전 앉은 자리에서 한 봉지를 단번에 먹어치웠다는 포테이토칩은 사실 손님을 골탕먹이기 위해 '보다 얇은 감자튀김'을 생각해낸 요리사의 장난에서 비롯됐다.

미국 뉴욕의 사라토가에 있는 한 식당 요리사인 조지 크럼은 한 손님 때문에 잔뜩 화가 나 있었다. 감자튀김이 두껍다며 자꾸 새로 만들어 오라고 퇴짜를 놓았기 때문이다. 잠시 요리사의 본분을 잃은 그는 포크로 찍을 수 없을 정도로 감자를 얇게 저며서 손님에게 내놓았다. 그런데 의외의 반응이 일어났다. 까다롭게 굴던 손님이 아주 흡족해했고 옆에서 지켜보던 다른 손님들도 앞 다투어 같은 것을 주문했다. 소문은 점점 퍼졌고 크럼은 마침내 포테이토칩을 전문으로 하는 식당을 개업했다.

포테이토칩의 대중화를 이끈 건 골든 원더였다. 1960년대 이전까지 포테이토칩은 갈증을 유발하여 맥주 소비를 늘리려는 판촉 전략으로 술집 유통을 통한 매출이 75퍼센트 이상이었다. 후발주자로서 술집 유통 경쟁력 등에서 열세였던 골든 원더는 포테이토칩의 판매량을 늘리기 위해 발상을 전환했다. 남자들의 술안주로만 여겨지던 포테이토칩을 여성과 어린이들을 위한 영양 스낵으로 탈바꿈시켜 시장을 확대했다. 포테이토칩을 군이 술안주로만 한정지을 필요는 없지 않은가.

골든 원더는 포테이토칩을 아이들의 영양 스낵으로 홍보하기 시작했고 식료품점을 새로운 판매처로 개발했다. 또한 술안주에서 언제나 먹을 수 있는 스낵으로 가격을 낮추기 위해 생산기술에도 투자를 했다. 그 결과 10년 사이 포테이토칩의 시장 규모는 6배나 커졌고 골든 원더의 점유율은 0퍼센트에서 40퍼센트까지 올라갔다. 상황은 변한 게 없다. 새로운 맛의 포테이토칩을 개발한 것도 아니다. 그저 술안주라는 포테이토칩에 대한 고정관념에 도전했을 뿐이다.

포테이토칩이 감자튀김 두께에 대한 고정관념에서 벗어나 발상의 전환을 이루었다면 자신의 약점을 강점으로 바꾸는 발상의 전환을 통해 성공을 거둔 제품도 있다. '만병통치약'으로 여겨지던 아스피린의 위기를 이용해 소비자들의 마음을 사로잡은 타이레놀이 그렇다. 미국의 NBC방송이 '심장마비와 뇌졸중 위험을 줄이기 위해 중년층은 아스피린을 매일 복용하라'고 보도할 만큼 다양한 효능을 지녔던 바이엘사의 아스피린은, 독감이나 수두에 걸린 어린이들이 이를 복용하고 의식불명에 빠진 '아스피린 파동'으로 그 위험성이 세상에 알려졌다.

타이레놀은 이 기회를 놓치지 않았다 '신이 내린 선물'이라고 불릴 정도로 절대적이었던 아스피린의 아성에 도전한 타이레놀의 전략은 자신들의 약점을 부각시키는 것이었다. 맥닐이라는 제약회사에서 만들어진 아세트아미노펜이라는 성분은 아스피린과 비교해 진통 효과도 떨어지고 항염증성이나 혈액응고방지효과 등의 부가 효과도 없는 것에 불과했지만, 존슨앤존슨에게 인수된 이후 아스피린보다 순하고 위에 자극이 적으며 부작용이 없는 제품으로 재탄생했다.

존슨앤존슨은 진통해열 외에 별다른 효과가 없는 타이레놀을 '부작용 없는 진통제'라고 시선을 달리해서 포장했다. 아스피린의 부작용을 부각시키는 광고를 통해 타이레놀을 시장에 내놓은 순간, 바이엘사는 '주장의 근거'를 찾아볼 수 없다는 반박광고를 내면서 즉각 대응했다. 그런데 바이엘사의 반박광고가 오히려 소비자들의 마음을 타이레놀로 돌려놓았다. 소비자들은 아스피린에 뭔가 문제가 있기 때문에 바이엘사가 날카롭게 반응했다고 생각했다. 솔직히 타이레놀에 부작용이 없다는 건 거짓말이다. 아스피린에 비해 안전하다지만 타이레놀 역시 간독성이 있어 술을 마신 뒤나 간이 나쁜 사람은 복용을 조심해야 하는 문제가 있다. 주성분인 아세트아미노펜이 간의 대사과정에서 독성 물질로 변하기 때문이다. 또한 염증이 있는 통증에는 효과가 없다.

그럼에도 불구하고 도저히 파고들 수 없는 견고한 성이었던 아스피린에 대항해 약점(오로지 진통해열효과만을 가진)을 오히려 강점(부작용이 없는 진통제)으로 바꾼 존슨앤존슨의 발상의 전환이 타이레놀의 오늘을 있게 했다.

또 다른 발상의 전환은 세상을 뒤엎는 정복자를 낳았다. 고대 프리지아 왕국에 어느 날 '수레를 타고 오는 이가 왕이 될 것'이라는 신탁이 내려졌다. 생활고를 해결하기 위해 수레를 타고 프리지아로 들어서던 고르디우스는 왕으로 추대됐고 감사의 뜻으로 제우스신에게 수레를 바쳤다. 수레는 아주 특별한 매듭으로 묶어놓았는데 제우스가 아끼는 독수리가 매듭 위로 날아가 앉더니 또다시 '이 매듭을 푸는 자가 아시아를 정복할 것' 이라는 신탁을 예언했다.

이후 수많은 영웅호걸들이 그 매듭을 풀기 위해 애썼으나 긴 세월이 흘러도 이를 풀 수 있는 이는 나타나지 않았다. 그러다 기원전 334년 동방 원정길에 올랐던 알렉산더 대왕이 소아시아를 정복하고 프리지아에 들어서면서 이 예언을 듣게 됐고 그 또한 매듭을 풀기 위해 부단히 노력했다. 고심하던 그는 결국 허리에 찬 칼을 뽑아 들고 단칼에 그 매듭을 베어 버렸다. 방법이야 어찌 됐든 그는 결국 아시아의 지배자로서 지위를 약속받게 되었고 이집트, 페르시아, 인도를 거쳐 아시아까지 정복하기에 이르렀다. 매듭을 꼭 있는 그대로의 밧줄 상태로 풀어놓아야 한다는 전제가 없었음에도 불구하고 그동안 많은 도전자들이 그 생각의 틀 안에서 벗어나지 못한 반면, 알렉산더 대왕은 극단적인 방법이기는 하나 칼로 밧줄을 끊어냄으로써 매듭을 푸는 발상의 전환을 통해 정복자가 될 수 있었다.

발상의 전환을 이야기 할 때마다 우리는 흔히 '콜롬버스의 달걀'을 이야기한다. 콜롬버스를 시기했던 사람들이 '미대륙은 어차피 시간이 흐르면 누군가 발견했을 것' 이라고 폄하하자, 콜롬버스는 사람들에게 달걀을 세워 보라 했다. 사람들이 서로 눈치를 보며 아무도 달걀을 세우고 있지 못할 때, 그는 달걀의 밑 부분을 깨뜨려 탁자 위에 세웠다. 그러자 사람들은 또 다시 그렇게는 누군들 세우지 못하겠느냐고 비웃었다.

맞는 말이다. 어차피 미대륙은 콜롬버스가 발견하기 전부터 그 자리에 있었다. 굳이 콜롬버스가 아니었어도 누군가는 미대륙을 발견했을 것이다. 마찬가지로 누구나 콜럼버스처럼 달걀의 아랫부분을 깨뜨렸다면 달걀을 세울 수 있었다. 하지만 여기서 중요한 사실은 콜롬버스가 시도하기까지는 아무도 그것을 생각하지도 시도하지도 못했다는 점이다. 지구가 네모 모양이라고 알고 있던 당시 사람들은 배가 너무 멀리 나가면 낭떠러지로 떨어질 것이라고 굳게 믿고 있었지만, 콜롬버스는 전진했고 가장 먼저 미대륙을 발견했다. 달걀의 밑 부분을 깨뜨리면 달걀이 선다는 것을 누구나 알고 있었지만, 그 누구도 달걀의 밑 부분을 깨뜨릴 생각을 하지 않았다. 이는 고정관념 속에서 헤어 나오지 못한 결과다. 계란은 타원형이다. 사람들은 타원형은 세울 수 없다는 것을 당연하게 생각한다. 이렇게 '당연하다'는 생각은 하나의 기준이 되고 약속이 된다. 그리고 스스로의 행동반경을 그 틀 속에 가두어 버린다. 많은 사람들이 그리 다르지 않은 삶을 살아가고 있는 이유도 여기에서 비롯된다.

최초로 시도되는 일들은 상당히 어렵고 불가능해 보일 때가 많다. 하지만 누군가 나서서 그것을 성취하는 모습을 보면 '어라? 아무것도 아니네?'라고 생각하며 미처 자신이 먼저 도전하지 못한 것에 대해 아쉬움을 피력하고는 한다. 하지만 먼저 다른 방법으로 생각하고, 도전하고 시도하는 것은 아무나 할 수 없다. 애초에 어렵고 불가능하다는 고정관념이 많은 행동들을 제약하기 때문이다.

영웅은 다르다. 세상에 '당연한 것', '불가피한 것'은 없다. 어디서든 가능성을 찾아낸다. 그리고 가장 먼저 도전하는 스릴을 즐긴다. 발상의 전환이 가져올 결과가 즐거울 것이라는 것을 믿고, 가슴은 처음으로 행동할 수 있는 용기로 충만하다.

다른 사람이 보지 못한 것을 보다

중요하지 않기에 생각 외로 여겨졌던 것들에서 비전을 발견하고 남다른 생각으로 기업을 키운 이들이 있다. 그들의 시선을 잡은 것은 '채소' '폐지' '걸레'와 같은 보잘 것 없는 것들이었다. 이미 그 분야에서 성공한 사람들을 뛰어넘기란 몇 갑절의 노력이 필요하다. 하지만 남들이 거들떠보지 않는 분야에서 성공하기란 그리 어려운 일이 아니다. 남들이 관심을 갖지 않는 것에서 진주를 캐낼 수 있는 비상한 생각, 이것이 바로 성공으로 가는 지름길이다.

류근모 사장의 애기부터 해보자. 그는 농부다. 1년에 책을 300권 가량 읽는 '공부하는 농부' 다. 그는 CEO다. 사훈이 '예술과 열정'인 농장의 '예술을 하는 CEO' 다. 꽃 농장에 실패한 뒤 절망 끝에서 힘들게 빌린 300만 원을 밑천으로 상추 농사를 시작한지 13년 만에 연매출 100억 원을 달성, '장안농장'이라는 국내 최고의 유기농 쌈 채소 기업을 일구어낸 장본인이다. 대체 어떤 생각들이 그를 성공의 길로 이끈 것일까?

그의 첫 번째 생각은 '채소를 표준화해서 팔 수는 없을까?'였다. 어느 날 대형 마트를 찾은 류 사장은 식품 매장 앞에 늘어선 줄을 보았다. 채소의 무게에 따라 가격이 달라 일일이 무게를 재고 가격 바코드를 붙이느라 시간이 오래 걸렸다. 그의 머릿속에는 '채소도 표준화 하면 일일이 무게를 재야 하는 수고를 덜 수 있지 않을까.'라는 생각이 번개처럼 스쳤다. 반대는 예상보다 컸다. "채소가 공산품도 아니고, 규격에 맞추기가 어렵다."고 했다. 하지만 그에게 어렵다는 것은 쉬운 것보다는 조금 더 많은 시간과 노력을 투자해야 한다는 것일 뿐이지 불가능을 의미하는 것은 아니었다. 그리고 결국 그는 우리나라 최초로 채소를 규격화 하는 데 성공했다.

그의 두 번째 생각은 '채소를 경쟁시키고, 땅에게 보약을 주자'는 것이었다. 류 사장의 이런 생각을 듣고 사람들은 참으로 엉뚱하다고 했다. 사람도 아닌 채소가 무슨 경쟁을 할 것이며, 사람이 먹을 보약도 없는데 땅에 줄 보약은 또 어디 있단 말인가. 현재 생산하고 있는 채소들의 품질도 최상급인데 쓸데없는 짓을 한다고도 했다. 하지만 류 사장에게 절대 만족이란 없었다. 언제나 더 나은 품질의 채소를 생산할 수 있는 확신만 있다면 무엇이든 할 각오가 되어 있었다. 그는 신문에 난 자그마한 기사 하나에서 새로운 농법을 개발하기도 했다. 오징어를 운반할 때 수조 안에 천적 물고기 한두 마리를 함께 넣으면 천적에게 먹히지 않기 위해 오징어가 긴장을 하고 몸을 끊임없이 움직여 건강한 상태를 유지한다는 내용의 기사를 본 순간 류 사장은 무릎을 쳤다. 그리고 농장으로 달려갔다. 쌈 채소 사업에 경쟁상대를 함께 두는 방법을 접목하기로 결심한 그는 밭의 가장자리에는 상추를 심고 중앙에는 케일을 심었다. 예상은 적중했다. 채소들은 서로 보다 좋은 영양분을 섭취하기 위해 경쟁을 했고, 그 결과 두 채소 모두 더욱 건강해지고 병충해에도 강해졌다. 류 사장은 또 하나 '땅심'(땅의 기운과 활력)을 높이는 일에 심혈을 기울였다. 친환경이 대세인 요즘 농약이나 비료를 대신할 수 있는 건 땅심 밖에 없다고 생각했다. 토양이 기름져야 해충이 꼬이지 않고 채소도 빨리 성장하니 말이다. 그래서 선택한 것이 토양에 보약을 주는 일이었다. 체질에 맞는 보약을 먹었을 때 사람이 더욱 힘을 내 에너지 넘치는 삶을 살아갈 수 있는 것처럼, 맥반석·옥·

숯·한약재·참나무·쌀겨·옥수수가루까지 흡수한 땅은 몸에 좋고 품질 좋은 최고의 채소 생산에 일등공신이 되었다.

그의 세 번째 생각은 '고객 확보의 가장 좋은 방법은 신뢰뿐!'이라는 데서 시작했다. 각고의 노력 끝에 품질 좋은 채소를 생산해냈어도 시장의 반응은 냉담했다. 가격이 걸림돌이었다. 어쩌다 한 번 먹는 것도 아니요, 구매하면 바로 소비되는 것인지라 사람들은 가격이 저렴한 일반 채소를 선택했다. 하지만 판매를 늘리자고 무조건 가격을 낮출 수는 없었다. 그러던 어느 날, 그의 집을 방문해 상추를 맛 본 한 지인이 자신이 사는 아파트에서 직거래를 해보는 것이 어떻겠냐고 제안했다. 그는 채소를 소비자들에게 무료로 나누어 주기 시작했다. 직접 맛을 보여줌으로써 채소의 품질에 대한 믿음을 얻는다면 자연히 판로도 확대될 것이라는 믿음 때문이었다. 그의 판단은 예리했다. 그의 상추를 직접 먹어본 고객들의 주문이 하나둘씩 들어오고 입소문이 퍼지면서 채소 직거래는 자연스럽게 확대되었다.

류사장은 성공 비법으로 세 가지를 강조한다. "편견과 싸워라, 신뢰가 생명이다, 공부하라." 그는 채소는 규격화 할 수 없다는 편견에 맞서 채소의 규격화를 이루었으며 신뢰를 통해 판로를 확장했고, 공부를 통해 '채소 섞어 심기'와 '보약 주기' 농법을 개발했다.

그는 말한다. "박지성이 골을 넣을 때를 보라. 수비수들은 어떻게든 골을 넣는 것을 막기 위해 거친 태클을 하고 두 겹 세 겹 에워싸며 거친 압박을 가한다. 그 많은 태클을 이겨내야 한 골을 얻는다. 농업도 사업도 이와 마찬가지다." 그는 농사란 '농부 아저씨'들이 때를 잘 맞춰 씨를 잘 뿌리고, 풀을 잘 뽑아주고, 농약만 잘 뿌리면 된다는 전통적인 관념을 바꿔 버렸다. 다른 농부들과는 다른 생각과 행동으로 연매출 100억 원이라는 멋진 골을 넣었다.

이번에는 폐지 수집상으로 출발해 여성으로는 처음으로 자산규모 15억 달러의 중국 최대 갑부이자 중국 최대 포장지 제조업체 '주룽玖龍제지'의 창업자 장인 이야기를 해볼까 한다. 1957년 가난한 집안의 8남매 중 맏딸로 태어나 동생들을 뒷바라지하며 겨우 대학에 진학, 회계사로 사회에 첫발을 내디딘 그녀는 아무렇게나 버려진 채 산처럼 쌓인 폐지들에 관심을 두기 시작했다. 그녀 또한 상추 CEO 류 사장처럼 남다른 생각으로 폐지를 바라보았던 것.

그녀의 첫 번째 생각은 '폐지더미는 쓰레기가 아니라 숲'이었다. 그녀는 28세의 나이에 단돈 3만 위안으로 폐지를 수집하더니 이를 재가공해 포장 재료로 되파는 일을 시작했다. 이것은 예상치 못한 수익을 가져왔고 그녀는 1990년 남편과 함께 주저 없이 미국행 비행기에 올랐다. 그곳에서 폐지 수집상을 시작한 그녀는 수거한 폐지를 중국으로 가져와 재가공해 질 좋은 포장지로 만들었다. 그녀는 현재 광둥성과 장쑤성에 생산기지를 두고 있으며 주룽제지의 연간 수출량은 500만 톤이 넘는다.

그녀의 두 번째 생각은 기업인으로서 '투명경영이 부자로 가는 지름길'이라는 것에 닿았다. 언젠가 중국 유명갑부들이 각종 스캔들에 연루되어 사법 처리 되는 등 몰락의 길을 걷는 모습을 지켜보며 그녀는 말했다. "저는 정직하게 일해 부자가 됐기 때문에 남들에게 떳떳합니다.

저의 경험에 비춰볼 때 투명경영이 부자로 가는 지름길인 셈이지요."

장인이 폐지의 새로운 가능성을 보기 전까지 그 누구도 폐지로 갑부가 될 수 있다고 생각하지 않았다. 그것은 쓰레기에 불과했고, 푼돈이나 건질 수 있는 것으로 취급되었다. 하지만 그녀는 달랐다. 폐지에서 엄청난 가능성을 보았고, 엄청난 성공을 이루어냈다.

자그마한 스팀 청소기로 홈쇼핑 판매신화를 일으킨 한경희 대표 또한 '걸레'라는 누구도 거들떠보지 않는 것에서 희망을 발견했다. 사실 한 대표와 청소기는 그다지 어울리지 않는 단어였다. 대학 졸업 전부터 스위스 국제올림픽위원회에서 근무했고 미국에서의 MBA 유학 후엔 호텔 근무와 부동산 중개인 등을 거친 한 대표는 일찌감치 국제화 시대를 이끌었던 이른바 '잘 나가는' 신여성이었다.

그랬던 그녀가 걸레에 목숨을 걸게 된 것은 결혼 후의 일이다. 육아와 함께 직장 생활을 병행하던 한 대표에게 가장 힘든 것은 청소였다. 그 중에서도 걸레질. "걸레질을 하면서 이렇게 비생산적인 일을 매번 반복할 필요가 있을까 하는 생각이 들었어요. 더운물로 빤듯 깨끗하면서도 걸레질이 힘들지 않은, 그 동안 제가 문제로 생각했던 것들을 한 번에 해결할 수 있는 걸레청소기를 만들어보면 어떨까 싶었죠." 이 생각이 결국 스팀 청소기 대박 신화의 시작이었다. 주부라면 누구나 한 번쯤 생각해볼 수 있었던 생활 속의 작은 발견. 그 남다른 생각을 한 대표는 그냥 묻어두지 않았다. 화려한 경력에 안정된 공무원 생활을 벗어던지고 스팀 청소기 개발에 매달리기 시작했다. 주변에선 사업 경험이 전무한 한 대표에겐 모험이라며 말렸지만 이미 그녀의 가슴 속엔

이 일을 반드시 성취해 내고야 말겠다는 열정으로 가득했다.

개발비용을 대느라 집 담보는 물론 시댁까지 담보로 잡혔고, 시행착오로 손해 본 금액만 2억여 원. 게다가 2001년 학수고대하던 첫 상품 출시 후엔 불량문제로 고생했다. 하지만 기술 보완을 거듭한 결과 한 대표는 성공을 이루었다. '홈쇼핑 1회 방송 주문 접수 9,000개'라는 대기록을 세우며 소형가전부문에 스팀 청소기 돌풍을 일으켰다. 이제 그녀는 대한민국을 대표하는 여성 CEO다. 〈월 스트리트 저널〉에서 선정한 '세계를 이끌어가는 여성 50인'에 한국인으로서 유일하게 뽑히기도 했다.

다음은 이토 히로부미를 사살한 뒤 일제에 의해 사형 판결을 받은 안중근 의사에게 어머니 조마리아 여사가 보낸 편지의 일부이다.

장한 아들 보아라.

의로운 일을 해냈다.

많은 이에게 용기를 주었다.

조국의 자랑이요, 겨레의 기쁨이 되었다.

이제 너는 죽을 것이다.

사형을 언도받으면 항소하지 마라.

네가 벌한 이들에게 용서를 구할 수는 없는 법

어미보다 먼저 죽는 것을 불효라 생각지 마라.

작은 의에 연연치 말고, 큰 뜻으로 죽음을 받아들여라.

세상에 어떤 어미가 아들의 죽음을 앞두고 가슴 아파하지 않을 수 있을까. 하지만 조마리아 여사는 조국과 민족의 큰 뜻을 위해 기꺼이 목숨을 바친 아들이 끝까지 결연한 모습을 보이길 원했다. 사사로운 어미로서 아들을 안아준 것이 아닌 민족의 아들로서 자랑스럽게 생을 마감할 수 있도록 배려했다. 어머니의 위대한 생각이 위대한 민족의 영웅을 만들었다.

어떤 생각을 품느냐에 따라 '어떤 사람이 될 것인지' '어떤 인생을 살 것인지'가 결정된다. 생각이 자신의 인생을 창조하고, 역사의 흐름까지 바꿀 수 있다. 당신은 어떤 생각을 품을 것인가. 이것은 돈이 드는 일도, 시간이 드는 일도 아니다. 옳은 생각을 하고 그것을 가슴에 품는다면 돈이나 시간은 자연스레 따라오기 마련이다. 자신의 가슴 속에 그릴 수 있는 가장 멋진 모습을 그려 보아라. 지속적으로 그 모습을 가슴에 품는다면 분명 당신은 그 모습 그대로 가장 멋진 모습으로 변화한다.

2장

Step 2. **간절히 원하라**

아이돌 그룹의 전성시대다. 본업은 물론이고 드라마와 예능까지 넘나들며 그야말로 최고의 활약을 펼치고 있다. 그러나 과도한 섹시미를 뽐내며 자극적인 퍼포먼스를 펼치고, 흥미로운 가십들을 끊임없이 쏟아내는 이들에게는 달갑지 않은 시선도 쏟아진다. 'MR 제거' 파일이 떠돌기도 하고, '5초 가수도 가수냐'는 비판도 있다. 이따금 토크쇼를 통해 데뷔 전 어려웠던 시절을 이야기하며 눈물을 흘리면 안타까워하는 시선들 보다 '철이 없다.' '아직 더 고생 해 봐야 한다.' 등 따가운 질책이 쏟아지기도 한다. 그야말로 '어린 것들이 고생해 봐야 얼마나 했겠느냐.'라는 생각과 함께 아이돌은 쉽게 노래하고, 쉽게 벗으며, 쉽게 돈을 벌고 있다고 생각한다.

하지만 '소녀시대' '2PM' '원더걸스' '슈퍼주니어' '빅뱅' 등 우리나라 대표 아이돌의 데뷔 전 연습생 시절이 보통 3년에서 길게는 8년 정도라는 것을 아는 사람들이 얼마나 될까. 이들 멤버들의 평균 나이가 10대 후반에서 20대 초반임을 감안하면 열 살 이전부터 연습생 생활을 한 이들도 있다. 그리고 이들은 데뷔 후 여전히 바쁜 일정을 소화하면서도 연습과 운동만큼은 거르지 않는 고된 생활을 인내하고 있다.

갑자기 창밖에서 거센 비바람이 몰아치기 시작했다. 바람이 얼마나 세던지, 열린 창문 사이로 굵은 빗방울이 휘몰아쳐 들어올 정도였다. 서둘러 창문을 닫으려는 순간, 나는 폭풍우와 사투를 벌이고 있는 거미 한 마리를 발견했다. 녀석은 그 작은 몸으로 굵은 빗방울을 받아내며, 금방이라도 끊어질 듯 위태로워 보이는 거미줄 위에서 분주하게 움직였다. 평상시라면 유심히 보지 않았을 광경이지만, 그날 그 거미의 모습은 왠지 남의 일처럼 보이지 않았다. '이 녀석은 알고 있는 거야. 이 비바람이 지나가고 나면 다시 맑은 날이 올 거라는 걸. 설령 이 비바람에 거미줄이 찢기고 뜯겨도, 지금 할 수 있는 일은 그저 열심히 실을 뽑아내는 것뿐이라는 걸.'
녀석이 그 얇은 거미줄에 '생존'이라는 간절함을 걸었듯, 나는 '가수'라는 꿈에 내 모든 것을 걸었다.

_ 빅뱅 《세상에 너를 소리쳐》 중에서

당신은 열 살에 어떤 꿈을 꾸었고, 꿈을 이루기 위해 무엇을 했는가. 이들은 학교 운동장에서 친구들과 뛰어놀며 땀 흘리는 대신 고된 연습생 생활에서 땀 흘리기를 택했다. 자신이 간절히 원하는 꿈을 이루기 위해서 말이다. 자신보다 나중에 들어온 친구들이 먼저 데뷔를 해 인기를 얻는 모습을 지켜보기도 했고, 혹독한 훈련에 주저앉고 싶을 때도 있었지만 그들은 포기하지 않았다. '가수가 되고 싶다'는 간절한 꿈이 있었기 때문이다. 우리는 그들의 화려한 면만을 보지만 어린 나이임에도 불구하고 간절히 원하는 것을 성취하기 위해 인내하고 노력한 순간이 있었기에 최고의 아이돌로 대중들의 사랑을 받고 있는 게 아닐까. 간절함, 그것은 영웅이 되고자 하는 당신에게 무한한 힘의 원천이 된다.

최초를 만들어내는 힘

영어권에는 '최초의 펭귄first Penguin' 이라는 관용어가 있습니다. 펭귄들은 뒤뚱뒤뚱 떼를 지어 우르르 바다로 모여들지만 정작 바다에 뛰어들기 직전에는 일제히 제자리걸음을 하면서 머뭇거립니다. 왜냐하면 바다 속에는 자신이 좋아하는 먹잇감도 있지만 동시에 위험한 물개나 바다표범 같은 천적들이 있을지도 모르기 때문이지요. 그런데 머뭇거리고 있는 펭귄의 무리 가운데 그 불확실한 바다를 향해 맨 먼저 뛰어드는 용감한 펭귄이 있다는 겁니다. 그러면 그때까지 머뭇거리고 있던 펭귄들도 일제히 그 뒤를 따라 바다로 뛰어듭니다.

_ 이어령 《젊음의 탄생》 중에서

다른 펭귄들과 '최초의 펭귄'의 차이는 간절함에 있다. 모든 펭귄들이 먹이를 원했다. 하지만 천적에 대한 두려움을 떨쳐내기란 그리 쉽지 않은 일. 오직 최초의 펭귄만이 다른 펭귄들과 달리 바다 속에 있는 천적에 대한 두려움을 떨쳐낼 만큼 그 간절함이 컸다. 강한 간절함에 지금 당장 행동하지 않고는 참을 수 없었다.

이어령은 〈젊음의 탄생〉에서 '물음·느낌표'에 대해 이야기한다. '끝없이 회의하다가도 순간적인 직관이나 느낌으로 판단하고 삶 속으로 뛰어드는 것'을 말한다. 거침없이 삶 속으로 뛰어 들게 하는 힘은 무엇일까. 이것에 대한 대답 또한 '간절함'이다. 자신이 원하는 바가 무엇인지 알고, 그것을 원하는 마음이 점점 더 커져 진실로 간절한 순간이 되었을 때 우리는 여러 가지 악조건에도 주저하지 않고 행동한다. 간절함은 두려움에도 불구하고 행동하게 하는 힘이다.

간절함은 쉽게 인간의 발길을 허락하지 않았던 에베레스트의 문도 열었다. 19세기 이 산을 발견한 인도의 조지 에버리스트 이후 1953년까지 세계의 내로라하는 수많은 탐험가와 등산가가 이 산을 정복하기 위해 도전했지만 아무도 성공하지 못했다. 시련과 고난, 실패 속에서 11명이 아까운 목숨을 잃기도 했는데, 1953년 5월 29일 결국 이 산은 에드먼드 힐러리에 의해 최초로 정복되었다. 그러나 그도 단 한 번의 도전으로 쉽게 에베레스트를 정복한 것은 아니다. 1952년에 처음 에베레스트에 도전했다가 실패의 쓴맛을 보았다. 처음 에베레스트 등정에 실패한 후, 한 단체가 그에게 연설을 부탁했다. 단상에 올라간 힐러리는 청중들에게 이렇게 말했다. "지난 도전에서는 실패했지만 다음에는 성공할 수 있습니다. 왜냐하면 저 에베레스트산은 더 이상 성장하지 않지만 내 꿈은 계속 자라나고 있기 때문입니다." 시련이 다가와도 자신의 꿈에 대한 확신만큼은 변함없었던 그는 1년 뒤 그렇게도 바라던 에베레스트를 정복했다.

대한민국에선 불가능한 것처럼 보였던 스피드 스케이팅 500미터에서 금메달을 획득한 이상화 또한 자신의 꿈을 향한 간절함으로 '최초'를 기록했다. 그 이후 5년 전 꿈나무시절의 동영상이 공개되어 화제가 됐다. 2005년 태릉 실내 빙상장에서 열린 포토데이 행사에서 올림픽 메달을 목표로 '파이팅'을 외치는 앳된 모습이 팬들의 눈길을 끌었다.

이상화는 지난 2005년 혜성같이 등장했다. 당시 쇼트트랙 이외엔 불모지와 같았던 스피드 스케이팅에서 주니어 세계 정상권 실력에 올라 동계 올림픽 꿈나무로 주목받았다. 이상화는 휘경여고 2학년 재학 시절 세계주니어선수권대회 여자 500미터 스피드 스케이팅에서 1위를 차지했다. 스피드 스케이팅 세계대회에서 여자 메달리스트가 배출된 것은 1993년 유선희 이후 12년 만의 쾌거였기에 한국 빙상계가 흥분하기에 충분했다. 물론 이상화는 2006년 토리노 올림픽에 출전해 5위를 기록하고 아쉬움의 눈물을 흘린 적이 있다. 하지만 결국 5년 전의 약속을 지키며 밴쿠버 올림픽에서는 기쁨의 눈물을 흘렸다. 지난 4년 간 이상화는 실력 향상을 위해 매진했고 올림픽을 앞두고는 체력 강화를 위해 남자선수들과 동일한 훈련량을 소화해냈다. 건절함은 인내의 시간에 버팀목이었고 결국 그녀는 자신과의 싸움에서 이겨 금빛 메달을 목에 걸었다.

최초로 어느 영역을 개척하고, 정복한다는 것은 무엇보다 용기를 필요로 하는 일이다. 미래의 불확실성과 함께 예측할 수 없는 위험도 더 많이 감수해야 하기 때문이다. 하지만 그렇기 때문에 더욱 가치 있는 일이기도 하다. 영웅들이 도전을 주저하게 만드는 수많은 이유들에도 불구하고 용기를 내고, 묵묵히 그 길을 고집하는 것은 목표를 이루어야 한다는 간절함 때문이다. 간절함이 없는 목표는 쉽게 설득당하고 포기하게 된다.

모든 펭귄이 바다 속의 천적이 무서워 먹이 잡는 것을 포기한다면 다 같이 굶어 죽게 된다. 에드문드 힐러리가 에베레스트 등반 실패의 기억을 부끄러워만 했다면 그에게 최초의 에베레스트 정복이라는 명성은 다른 이의 것이 될 수도 있었다. 이상화가 악한 조건을 탓하고 좌절해 주저앉아 버렸다면 이상화의 5년 전 파이팅은 그저 그녀만의 추억으로 남았을 일이다. '되면 좋지만 안 되도 할 수 없는' 마음은 정신을, 나아가 인생을 해이하게 만든다. 간절히 원하라. 간절한 마음을 담아 도전하고, 인내하고, 성취하라. 당신의 모습에 세계가 감동하고, 최초로 기억되어진다면 정말 멋진 일이 아닌가.

완벽한 성취를 이루게 하는 힘

영화 출연작마다 다른 사람이 되는 배우들이 있다. 너무도 완벽한 변신에 관객들은 영화를 보는 내내 정말 그 배우가 작품 속 주인공인 양 몰입해 버리곤 한다. 영화 〈아메리칸 싸이코〉, 〈이퀄리브리엄〉 등에서 근육질의 탄탄한 몸매를 자랑하던 배우 크리스찬 베일은 영화 〈머니스트〉에서 불면증으로 말라가는 남자를 연기하기 위해 무려 30킬로그램을 감량했다. 우리나라에도 닮은 꼴 배우가 있다. 바로 김명민이다. 그는 영화 '내 사랑 내 곁에'에서 루게릭병에 걸린 환자를 연기하기 위해 3개월만에 20킬로그램을 감량하는 투혼을 보여주었다. 저혈당 증세까지 보이는 그의 건강을 많은 사람들이 염려했지만 정작 본인은 병에 대한 조사는 물론 실제 환자들과 주치의를 정기적으로 방문하는 등 루게릭병 환자라는 배역을 완벽하게 소화하기 위해 마지막까지 혼신을 다했다. 결국 김명민은 영화를 통해 병의 진행 단계별로 손동작, 발동작, 표정 등의 미묘한 차이까지 실제처럼 재현해냈고 관객들은 그의 연기에 찬사를 아끼지 않았다. 이전에도 김명민은 TV드라마 〈하얀거탑〉에서는 천재 외과 의사로, 〈베토벤 바이러스〉에서는 독설을 퍼붓는 지휘자로 완벽한 변신을 선보였다.

크리스찬 베일과 김명민은 그야말로 자신의 배역에 미친 사람들이다. 영화를 촬영하는 동안에는 모든 일상과 관심이 오직 작품 속 인물에 맞춰진다. 촬영장을 벗어난 일상조차도 예외는 없다. '완벽한 캐릭터를 창조하겠다'는 간절한 마음이 이들을 배역에 미치도록 몰입하게 한다.

크리스찬 베일과 김명민이 영화의 완성도를 높이기 위해 자신의 배역에 미쳐 몰입했다면 '야신(야구의 신)'이라 불리는 김성근 감독은 야구의 완성을 위해 자신의 모든 것을 바쳤다. 비록 2009년엔 준우승에 머물렀지만 2007년과 2008년 프로야구 한국시리즈 연속 우승을 이끌었고, 현재도 최고 전력으로 평가받고 있는 SK와이번스의 감독

김성근에 대해 소속팀 포수 박경완은 이렇게 말했다.

"감독님은 야구에 한이 맺힌 분 같아요. 모든 일상이 야구에 초점이 맞춰져 있습니다. 우리는 사생활도 있지만 감독님은 그런 것이 없는 분입니다. (야구가) 잘 되면 더 잘하려고 고민하고, 안 될 때는 빨리 헤쳐 나오려고 고민하시는 분입니다. 항상 긴장 속에 살고 있다고나 할까요. 한 마디로 야구에 미친 분이 아닐까요. (웃음) 그렇지만 때로는 선수들을 위해 타고난 유머감각으로 '폭소탄'을 터트리시기도 합니다. 선수들을 일일이 체크하는 아버지 같은 분입니다."

야구를 빼면 인생을 논할 수 없는 김 감독은 그 자신도 야구에 미쳐 있다고 말한다. "야구를 제외하고 관심있는 건 없어요. 시간이 나면 책방에 가는데 책을 보면서 좋은 문구가 있으면 메모해요. 나중에 선수들에게 들려주려구요. 24시간 야구에 미치고 있는 거예요. 지금도. 얼마나 감사한 일이에요. 난 야구에게 늘 감사해요."

오직 선수들을 위해 자신의 모든 것을 바치고 자신의 길을 꿋꿋하게 걸어가고 있는 김 감독은 재일교포 2세로 일본에서 야구를 시작, 일본 동아대를 중퇴하고 한국 실업야구에 입단하면서 한국에서의 야구인생을 시작했다. 하지만 투수로서 혹사당해 마운드를 떠난 이후 최고의 야구감독으로 서기까지 파란만장했던 삶을 살았다. 그런 만큼 힘들어하는 후배들의 든든한 버팀목으로 자리해 있기도 하다. 야구에 미친 그는 "분한 마음을 품어라, 왜 안 되는지 왜 못하는지 억울해 하고 연구를 하라." "쑥쑥 크는 대나무는 곁가지가 없다. 키가 크지 않는 나무는 곁가지가 많다. 야구에만 전념하라."고 충고한다.

김 감독은 훈련량이 많기로 소문나 있다. 고등학생도 아니고 프로선수들을 훈련시키면서 이토록 가혹한 감독이 또 있을까. 야구 시즌이 끝나고 바로 이어지는 가을훈련에 쏟아 붓는 김 감독의 투지와 열정은 대단하다. 특히 마무리훈련에서는 실전 위주의 혹독한 훈련을 주문하고 있다. 대부분의 팀들이 체력 훈련에 몰두하는 시기지만 김 감독의 지론은 '실전이 곧 훈련'이다. 이런 김 감독의 강행군에 불만을 품을 만도 한데 SK 선수들은 오전 8시부터 훈련을 시작해 야간까지 이어지는 '지옥훈련'을 군말 없이 소화해내고 있다. 지난 3년 간 프로야구 최강으로 군림할 수밖에 없는 이유이기도 하다.

크리스찬 베일, 김명민, 김성근의 공통점은 무엇일까. 이들은 목표한 바를 성취하기 위해 어떠한 노력도 마다하지 않는다. 크리스찬 베일과 김명민은 작품 속 주인공과 외모마저 닮아가고자 노력했고 그것은 작품의 완성도를 높이는 결과를 낳았다. 배우들을 바라보는 관객들의 시선도 '그저 연기 잘하는 배우'가 아닌 '무섭도록 작품에 몰입하는 배우'로 그들을 인정하게 되었다. SK와이번스의 성공은 야구밖에 모르는, 오로지 야구만을 생각하는 김성근 감독이 있었기에 가능했다. 누군가의 지시가 아닌 스스로 하고 싶은 마음에 의해 움직일 때 그것은 성공을 부른다.

이들이 최선의 노력을 다한 것은 진정으로 자신이 하고자 하는 일을 사랑하고 즐길 수 있었기에 가능한 일이다. 천재는 노력하는 자를 이길 수 없으며, 노력하는 자는 즐기는 자를 이길 수 없다고 했다. 당신이 목표한 바를 위해 노력하는 과정이 고통스럽다면 최고가 되기 이전에 주저앉아 버리지 않겠는가. 최고가 되는 순간까지, 최고가 된 이후에도 그 일을 위해 무엇이든 마다하지 않는, 한 마디로 하고자 하는 일에 미쳐 버릴 만큼 간절할 때 진정한 영웅으로 설 수 있다. 간절함은 목표에 완전히 미치게 하는 힘이다.

포기를 모르게 하는 힘

세계적인 보디빌더로 기네스북에 오르고, 헐리우드의 액션스타로 전 세계인의 사랑을 받고, 케네디가의 여성과 결혼하더니 캘리포니아 주지사까지 오른 아놀드 슈왈제네거. 그는 어렸을 적 매우 왜소하고 허약한 체질이었던 탓에 운동장에서 뛰어노는 대신 집에 있는 시간이 더 많았다. 또래 친구들이 유명 여배우 사진으로 방을 도배할 때 슈왈제네거는 보디빌더들의 포스터로 도배를 했다. 언젠가는 강한 남자로 거듭나고 싶다는 바람이었다.

보디빌더를 동경하던 슈왈제네거는 진짜 보디빌더가 되기로 결심했다. 보디빌딩을 하던 초기의 슈왈제네거는 육중한 상체에 비해 초라한 종아리 근육을 가지고 있었다. 주위 사람들은 그런 슈왈제네거의 비정상적인 근비율을 보고 비웃었고, 이에 자극 받은 슈왈제네거는 자신의 단점을 극복하기 위해 보란 듯이 항상 하체가 다 드러나 보이는 반바지를 입고 다녔다.

결국 슈왈제네거는 미스터 유니버스에 5회, 미스터 올림피아에서 7회의 정상을 이루어냈다. 세계에서 가장 권위 있는 보디빌딩 대회에서 12차례나 우승을 일구었고 1974년 대회 때 그의 몸은 기네스북에 오르기까지 했다. 그가 보디빌딩을 하면서 남긴 기록들은 지금까지도 전설로 남아 있다.

한참 보디빌더 선수로 잘 나가던 슈왈제네거에게 한 기자가 "보디빌더를 그만 두면 무엇을 할 것인가요?"라고 물었다. 그는 사소한 여행 계획을 말하듯 이렇게 대답했다. "할리우드 최고의 스타가 될 겁니다." 의외의 답변에 기자는 물론 주변사람들까지 놀라워했다. 당시 슈왈제네거는 단지 육중한 몸매를 가진 거구에 불과했음은 물론 그의 오스트리아식 억양의 영어와 발음하기도 힘든 긴 이름은 헐리웃 배우로 성공하기 어려운 조건들이라고 여겨졌다. 기자는 어떤 방법으로 할리우드 최고가 될 것인지 재차 물었다. 슈왈제네거의 대답은 이랬다. "보디빌딩을 할 때처럼 할 겁니다. 원하는 것을 상상하고 이미 다 이룬 것처럼 사는 거지요." 이후 그는 정말로 1970년 영화 〈뉴욕의 헤라클레스〉로 배우로 입문하더니 〈터미네이터〉를 비롯해 〈여섯 번째 날〉〈콜래트럴 데미지〉〈엔드 오브 데이즈〉〈배트맨 앤 로빈〉〈솔드 아웃〉〈유치원에 간 사나이〉〈트루 라이즈〉〈주니어〉〈토탈리콜〉 등 수많은 영화 주인공으로 명예와 부를 동시에 거머쥐었다.

보디빌더로서, 영화배우로서 자신이 원하는 바를 거침없이 성취해 가던 그는 1986년 39세에 케네디 대통령의 조카 마리아 슈라이버와 결혼을 했다. 그리고 2003년 56세의 나이로 당당히 캘리포니아 주지사에 당선됐다. 폭력영화에 주로 등장했던 그의 이미지는 주지사로서 유권자들의 지지를 얻어내기에 많은 어려움이 있었다. 하지만 주지사로서 재직한 6년 동안 슈왈제네거는 많은 공적을 쌓음으로써 2006년 연임에 성공했다.

슈왈제네거는 어린 시절 책상머리에 세 가지 목표를 정해 놓았다. "첫째, 나는 영화배우가 될 것이며 둘째, 나는 케네디가 여성과 결혼하고 셋째, 나는 캘리포니아 주지사가 될 것이다." 터무니없어 보이던 이 꿈들은 사람들의 놀림감이 되기도 했다. 하지만 소년은 자신의 꿈을 끊임없이 가슴에 새기고 간절히 원했다. 작가 그레그 S. 레이드는 《10년 후》에서 이렇게 말한다. "꿈을 날짜와 함께 적으면 목표가 되고, 목표를 잘게 나누면 계획이 되며, 계획을 실행에 옮기면 꿈은 실현이 된다." 슈왈제네거는 결국 그렇게 자신의 꿈을 모두 실현했다.

간절히 원하는 바가 있었기에 그 어떤 시련 속에서도 '포기'라는 것을 몰랐던 아놀드 슈왈제네거의 인생은 골프 선수 신지애와 닮아 있다. 자신이 원하는 것을 이루기 위한 그 어떤 조건도 갖추지 못했다는 것에서부터 그렇다. 미셸 위와 신지애는 비슷한 나이대의 골프 선수다. 하지만 아래 표에서 보듯 두 사람은 주변여건이나 성장과정, 신체조건 등에서 극명하게 대비되어 언제나 비교와 주목의 대상이 되고 있다.

여섯 살에 골프에 입문한 미셸 위는 열 살에 아마추어대회에서 9언더파 63타를 기록하며 천재성을 과시했다. 파워와 유연성으로 내뿜는 드라이버는 비거리가 300야드를 넘나들며 사람들의 관심과 주목을 받기 시작했다. 학업성적 또한 우수하여 버럭 오바마 현 미국 대통령이 졸업한 하와이 푸나호우고등학교를 졸업, 스탠포드대학교에 진학했다.

조건\이름	미셸 위	신지애
출생년도/출생지	1989년생/하와이	1988년생/전남 나주
부모님	아버지: 대학교수 어머니: 미스코리아 출신	아버지: 개척교회 목사 어머니: 전업주부
신체조건	183cm/73kg 늘씬한 몸매에 긴 팔과 긴 다리로 골프하기에 최상의 조건	156cm 작은 키에 손이 작고 통통 해 그립 잡기도 힘들어 골 프하기에 부적합

반면 신지애는 아버지를 따라 새로 옮긴 교회 옆 골프연습장에서 운명처럼 골프를 만났다. 그와 동시에 골프는 어린 소녀에게 있어 밥 한 끼 값이라도 아껴 가난한 집안에 보탬이 될 수 있는 생계유지형 생존 수단이 되었다. 취미로 시작한 골프였다면 수없이 포기했을지도 모를 고난의 과정 속에서 그녀가 끝까지 골프채를 놓을 수 없었던 이유가 바로 여기에 있다.

미셸 위는 남자들의 무대인 PGA에 도전해 괴력의 드라이버를 쳐내며 갤러리를 몰고 다녔다. 자연히 많은 기업들이 그녀의 상품성과 성장성을 눈여겨봤다. 그 중에서도 소니와 나이키는 미셸 위에게 2005년 연간 1,000만 달러의 파격적인 지원금을 투자했고 미셸 위는 화려하게 프로에 데뷔했다. 뿐만 아니라 데이비드 리드베터라는 세계 최고의 코치와 캐디 · 코디네이터 등 환상의 드림팀이 미셸 위를 지원하고 2006년 5월 시사주간지 〈타임〉은 미셸 위를 '세계에서 가장 영향력 있는 100인'에 선정하기도 했다.

골프 선수로서 완벽한 신체 조건을 갖추고 있던 미셸 위에 비해 신체적 조건부터 골프에 적합하지 않다는 이야기를 수도 없이 들은 신지애는 자신의 몸을 골프에 적합하게 바꾸기로 결심했다. 그녀는 매일 학교운동장 20바퀴 돌기와 20층 아파트 7번 오르내리기로 강철체력을 만들었고 드라이버 1,000번 스윙, 폐타이어 400번 두드리기와 하루 퍼팅 7시간 연습으로 정확성과 정교함을 요구하는 골프 기술을 습득했다. 별도의 코칭스텝을 고용할 만한 형편이 되지 못했던 신지애에게 코치는 아버지였으며, 코디는 어머니였다.

신지애는 어려서부터 지름길로 돌아갈 줄 모르는 우직한 소녀였다. 이런 우직함이 어려운 집안 형편에도 골프를 마음껏 할 수 있는 길을 열어주기도 했다. 신지애가 중학교 2학년 때의 일이다. 집안 형편이 훈련비를 지원해줄 능력이 되지 못했던 신지애에게는 마음 놓고 연습할 장소가 없었다. 고민하던 그녀는 새벽 6시부터 여러 골프장을 찾아다니며 연습할 기회를 달라고 부탁했다. 하지만 어린 학생을 선뜻 받아주는 골프장은 없었다. 그녀는 기회가 올 때까지 퍼팅그린에서 묵묵히 연습에 임했다. 그 와중에 그녀가 주로 찾았던 골프장 사장이 그녀를 눈여겨봤고, 어린 학생의 끈기와 성실함에 탄복한 그는 "무기한 무료로 연습할 수 있도록 도와주겠다."고 나섰다. 뿐만 아니라 전국대회를 나갈 때면 대회경비를 대주기도 했다. 마음껏 연습할 수 없는 자신의 형편을 탓하기보다 골프를 칠 수 있길 간절히 원했던 소녀의 행동이 골프장 사장의 마음을 움직였다.

아버지와 어머니는 언제나 신지애를 가혹하리만치 훈련시키면서도, 힘든 환경 속에서도 묵묵히 훈련을 따라와 주는 어린 딸이 자랑스러웠다. 그녀에게 있어 부모님은 정신적인 지주이자 그녀가 골프를 계속하는 이유 중 하나였다.

그러던 2003년 어느 날, 그녀의 경기를 보러 오던 어머니와 동생들이 교통사고를 당했다. 그 자리에서 어머니는 세상을 떠났다. 얼마 뒤 신지애의 아버지는 그녀의 손에 1,500만 원을 쥐어 주며 말했다. "니 엄마 목숨과 바꾼 돈이다." 어머니의 사망보험금 중 빚을 갚고 남은 돈을 그녀의 훈련비용으로 모두 내놓은 것. 그녀가 골프에 목숨을 걸어야만 하는 또 하나의 이유가 생긴 순간이었다.

그녀는 휴대폰에 '연습은 근육의 지능을 만든다' 라는 말을 저장해 놓고 언제나 되뇌었다. 그리고 단 한 순간도 연습을 게을리 한 적이 없었으며, 언젠가는 자신도 '영웅 박세리' 처럼 정상에 설 수 있길 간절히 바랐다.

가난한 집안형편과 골프 선수로서 최악의 신체조건을 가진 신지애에게 골프는 절대 도전할 수 없는 벽이었는지 모른다. 하지만 그녀가 자신 앞에 놓인 시련에 굴복했다면 지금의 챔피언 신지애는 존재할 수 없었다. 어려운 상황에 내몰릴수록 포기하기에 앞서 '영웅 박세리' 와 같은 골프 영웅이 되고 싶다는 간절함, 그녀처럼 돈과 명예를 두 손에 움켜쥐고 싶다는 간절함이 오늘의 신지애를 존재하게 했다.

세상에 터무니없는 꿈은 없다. 진정 원하는 바를 목표로 정하고 그 목표를 이루기 위해 끊임없이 노력한다면 원하는 모든 것은 현실이 될 수 있다. 아놀드 슈왈제네거와 신지애의 인생은 그야말로 굴곡의 연속이었다. 하지만 이들에겐 포기를 모르는 간절함이 있었다. 자신에게 주어진 조건을 핑계로 포기하지 않고 간절한 마음으로 노력한다면 허약한 소년이 액션영화의 주인공과 주지사가 되는, 손이 작고 도톰한 사람이 골프의 세계 챔피언이 되는 기적 같은 일은 얼마든지 일어날 수 있다.

간절함이 주는 감동

영국문화원은 설립 70주년을 맞아 102개 나라, 4만 명을 대상으로 '세상에서 가장 아름다운 단어는 무엇인가'에 대해 설문 조사를 했다. 설문 결과 3위는 미소smile, 2위는 열정passion 그리고 1위는 엄마mother 가 선정됐다. 우리는 세상에 태어나서 처음으로 '엄마'라는 말을 하고, 깜짝 놀라거나 무서울 때도 무심결에 '엄마'를 외친다. 전쟁터에서 죽음을 앞둔 병사들의 마지막 외침도 바로 '엄마'이다. 우리에게 엄마는 극한 아픔과 두려움 앞에서 더 생각나고 그리워지는 존재다.

우리 엄마들이 자식 하나를 제대로 된 인간으로 키워내기 위해 얼마나 많은 시간을 인내하고 희생하는가를 헤아려 본다면 우리는 어렵지 않게 그녀들이 얼마나 강하고 위대한 존재인지 알 수 있다. 우리는 고난을 극복하고 자신의 분야에서 최고의 자리에 올라 사람들에게 감동과 귀감이 되는 사람들을 많이 보아왔다. 그들이 수많은 시련 속에서도 엇나가지 않고 올바른 길을 따라 성장할 수 있었던 배경을 보면 항상 우리의 엄마들이 있었다. 고단하고 힘든 과정일지라도 사랑하는 자식을 건강하고 바르게 성장시키고자 눈물을 닦고 다시 한 번 일어서는 정신, 즉 영웅으로서의 엄마들의 정신이 있었다.

'어느 길가에 고픈 배를 달래주고 시린 손을 녹여주는 풀빵집이 있었다. 그 풀빵 집에선 최정미라는 이름을 가진 싱글맘이 하루종일 서서 풀빵을 팔았다. 지금도 여전히 그 집에선 풀빵을 팔고 있다. 하지만 이제 그 곳에서 풀빵을 팔고 있는 사람은 다른 사람이다.'

'풀빵 엄마'라는 이름으로 TV프로그램에 방영된 최정미 씨와 두 아이의 이야기에 많은 사람들은 참을 수 없는 눈물을 흘렸고 간절한 모성애의 감동을 선물 받았다. 시간이 흘러 아이들의 엄마는 세상을 떠났다. 하지만 여전히 이들의 이야기는 우리 가슴 속에 남아 있다.

선천적인 소아마비로 시작부터 남들보다 어렵고 느린 출발을 할 수밖에 없었던 최정미 씨. 그런 그녀가 한 남자를 만났고, 사랑을 했고, 행복한 가정을 꿈꾸며 5년간 동거를 했다. 믿었기에, 사랑했기에, 그거면 충분하다 생각했기에, 사랑스런 두 아이를 낳고도 미루었던 혼인신고. 하지만 어느 날 갑자기 남편은 떠나버렸고 최 씨는 졸지에 싱글맘이 되어 버렸다. 아팠지만 좌절할 수 없었다. 그녀만을 바라보는 목숨보다도 소중한 일곱 살 은서와 다섯 살 홍현이가 곁에 있었기 때문이다. 아이들이 아빠의 빈자리를 느끼지 않도록 해 주기 위해 그녀는 언제나 강한 엄마의 모습을 보이고자 노력했다. 풀빵 장사로 많은 돈을 벌 수 있는 것은 아니었지만 두 아이와 함께 한 밥상에 앉아 따뜻한 밥을 먹고, 행복하게 하루를 마감하는 생활을 하는 데는 부족함이 없었다. 아빠 없다고 손가락질 받는 일 없이 씩씩하고 밝은 아이로 자라준다면 그녀는 더 이상 바랄 것이 없었다.

자주 속이 더부룩했지만 최 씨는 단순한 소화불량이라 생각했다. 그렇게 미루다 고통이 심해 찾은 병원. 그곳에서 그녀는 위암 2기라는 믿을 수 없는 진단을 받았다. 두려웠다. 암에 대한 공포 때문에 두려운 것이 아니라 자신이 세상을 떠나고 난 뒤 이 넓은 세상에 덩그러니 남겨질 아이들을 생각하니 너무나 두려웠다. 먹먹한 가슴을 붙들고 며칠을 울었다. 그러나 이대로 무너질 수는 없었다. "살아야만 해요. 난 엄마니까요."라고 말하며 그녀는 메마른 입술을 굳게 다물고 수술대에 올랐다. 그러나 하늘은 그녀의 기도를 듣지 못한 것일까? 간절한 그녀의 바람에도 불구하고 암은 난소는 물론 임파선과 복막까지 전이되어 말기 판정을 받았다.

그렇다고 풀빵 장사를 멈출 수는 없었다. 그것만이 아이들을 먹이고 입힐 수 있는 유일한 수단이었기 때문이다. 항암치료로 몸도 제대로 가누기 힘들었지만 한 겨울 칼바람도 그녀를 막지는 못했다. 그러나 병세가 악화되어 결국 이웃에게 풀빵 장사 자리를 넘겨주고 엄마로서 아이들에게 해 줄 수 있는 최대한의 것들을 해 주기 위해 노력했다. 아이들 옷을 손빨래하고 밥상을 차려주고 잠자리를 봐 주는 등 아주 일상적인 일을 하면서도 그녀의 얼굴엔 환한 웃음이 피어났다.

설날 아침, 최 씨는 아이들에게 떡국을 끓여 주었다. 은서는 작은 손으로 떡국을 떠서 엄마에게 먹여주었다. 그 떡국을 받아먹는 그녀의 눈에선 눈물이 흘렀다. 우는 엄마를 보고 은서가 울고 홍현이가 울었다. 그녀는 아이들을 달래며 내년에도 꼭 맛있는 떡국을 끓여 주겠노라 약속했다. 하지만 그 약속은 지켜지지 못했다. 그해 여름 어느 날, 그렇게도 사랑하는 아이들을 세상에 남겨 둔 채 그녀는 홀연히 세상을 떠나버렸다.

이제 아이들은 하늘 아래 쓸쓸히 남겨졌다. 부모 없이 살아갈 앞날이 외롭고 힘든 순간들로 가득할지 모른다. 하지만 자신들을 위해 끝까지 살고자 했던 엄마의 간절한 마음에 대한 기억은 앞으로 살아갈 아이들의 날들에 따뜻한 이불이 되어 주지 않을까.

위대한 어머니는 저 멀리 바다 건너 미국에도 있었다. 한 혼혈 남자의 아버지는 주한미군 흑인이었으며, 어머니는 한국인이다. 어린 시절 아버지로부터 버림을 받은 그는 경제적인 어려움과 사람들의 편견 속에서 자신의 처지를 저주했다. 아버지 없이 자신을 키우는 어머니를 걱정하기보다 자신을 혼혈로 낳은 어머니를 원망하고, 동양인 어머니가 창피해 친구들 앞에선 피해 다니기도 했다.

그의 어머니는 부양 능력이 없다는 이유로 시댁 쪽에 양육권을 빼앗긴 적도 있다. 하루 16시간 이상 일을 하지 않으면 먹고살기가 불가능했기 때문에 다른 부모들처럼 마음 편하게 아들과 대화를 나눌 시간조차 갖기 힘들었다. 또한 영어를 잘 못했기 때문에 숙제를 봐주는 등 학업에 도움을 주는 일도 불가능했다. 보통의 부모라면 아들에게 미안해서라도 '오냐오냐'하며 키우기 십상일 테지만 그녀는 아들이 잘못하면 냉정하게 매를 드는 엄격한 교육방식을 택했다. 그렇지 않으면 아들이 잘못된 길로 가 버릴 것 같아 두려웠다. 그래서 더욱 엄한 모습으로 고등학교 때까지 매를 들며 가르쳤다. 미국 사회에서 아이들에게 매를 든다는 것은 상상할 수도 없는 일이었다. 어머니로서 사람들의 편견때문에 방황하는 아들이 어찌 안타깝지 않았겠는가. 하지만 '아들을 강하고 바르게 키우겠다' 는 일념으로 자신의 교육법을 고수했다.

그 아들은 미국 최고 스포츠 스타 중 한 명이다. 게다가 이제는 혼혈이란 이유만으로, 또는 다른 편견으로 힘들어 하는 모든 이들에게 희망이 되고 있다. 바로 미국 미식축구 슈퍼볼 MVP까지 거머쥐었던 하인스 워드와 그의 어머니 김영희 씨의 이야기다.

어머니를 창피해했던 소년은 이제 말한다. "말도 통하지 않은 나라에서 1년 만에 남편에게 버림받고 작은 몸으로 하루 16시간을 일하면서도 끝까지 아들을 포기하지 않았던 어머니가 지금의 나를 만들었다."

남편이 떠나고 암을 선고받았을 때 최정미 씨의 마음을 무엇으로 표현할 수 있을까. 하지만 그녀가 아픈 몸을 이끌고 풀빵 장사를 멈추지 않은 것은 사랑하는 은서와 홍현이를 위한, 부모 없이 세상에 남겨질 아이들을 향한 어미의 간절한 마음이었다. 하인스 워드가 최고의 스포츠 스타로 우뚝 설 수 있었던 것 또한 어려운 환경 속에서도 아들이 곧게 자라주길 바랐던 김영희 씨의 간절한 마음이 있었기에 가능했다. 그 간절한 마음은 하나밖에 없는 귀한 아들을 매정하리 만큼 엄하게 키울 수 있게 했고, 하루 4시간의 수면시간도 아까울 만큼 열심히 일할 수 있는 원동력이 되었다. 그리고 그 간절함은 아들에게 전해져 마침내 영웅으로 자라게 했다.

10여 년 전 겨울 어느 날, 우리 가족은 오래 전부터 세워 놓고 실행에 옮기지 못한 여행길에 드디어 올랐다. 겨울이었지만 하늘은 맑았고, 햇살도 따뜻했다. 양평의 어느 산장, 2월의 막바지에서 간만에 가족들과 함께 하는 시간은 아이들은 물론 우리 부부에게도 참으로 행복한 순간이었다.

그렇게 짧지만 즐거웠던 2박 3일을 보내고 맞이한 아침, 아이들의 등교를 위해서 서두르던 우리는 깜짝 놀랐다. 하룻밤 사이 세상이 온통 하얗게 뒤덮였다. 막막했다. 아이들이 신학기 새출발을 제대로 하려면 반드시 출발해야 하는데(사실 며칠을 더 묵는다 해도 눈이 녹을지 장담할 수 없는 상황이었다.) 스노타이어는 물론 체인도 없는 상황에서 눈앞이 깜깜했다. 그 때 나서서 핸들을 잡은 것은 내가 아닌 아내였다. 가녀린 아내는 단호하게 운전석에 앉았다. 얼떨결에 함께 차에 오른 나와 아이들은 곡예와도 같은 주행에 정신이 아찔하다 못해 아득해져 갔다.

그렇게 얼마를 내려가던 중 아내는 갑자기 차를 세우더니 이렇게 말했다. "내리세요. 너희들도 내려. 아빠랑 같이 걸어 내려와." 나는 잠시 어리둥절했다. '이 여자가 대체 무슨 소릴 하는 거지?' 하지만 이내 나는 아내의 마음을 읽을 수 있었다. 차를 끌고 내려가다 자칫하면 큰 사고를 당할 수 있는 상황에서 아이들까지 위험하게 만들고 싶지 않은 엄마의 마음이었다. 만약 무슨 일이 생기더라도 혼자서 당하겠다는 엄마의 마음 말이다. 그 때 아내의 표정이 얼마나 결연했던지 나와 아이들은 그 말을 따르지 않을 수 없었다.

나는 지금도 그 때의 아내를 생각하면 '엄마는 위대하다'라는 말을 새삼 절감하고는 한다. 그 때 아내의 머릿속엔 단 한 가지. '아이들'을 위험에 빠뜨릴 수 없다는 다급하고 간절한 마음밖에 없었으며, 이 생각은 겉으로 보기에 나약하게만 보였던 아내를 단호하고 당찬 어머니로 만들었다.

'되면 좋은 거고, 안 되면 말고' 식의 적당한 마음은 영웅다운 생각을 무용지물로 만든다. 영웅다운 생각을 현실로 만드는 답은 간절함에 있다. 불가능하게 보이는 길일지라도 '꼭 이루어내겠다' '이 길이 밖에 없다'는 마음만 있다면 답은 보이게 되어 있다.

또한 간절함은 당신이 영웅이 되기 위한 여정에서 무한한 에너지를 제공해 준다. 간절함이라는 마음의 씨앗을 더 깊이, 넓게, 많이 뿌리면 더 지속적이고 열정적으로 행동할 수 있는 힘이 생긴다. 한 번 행동해서 되지 않으면 다시 도전하게 하고, 또 다시 도전할 수밖에 없게 만든다. 마음과 행동이 하나가 된다.

무언가를 간절히 원한 적이 있는가. 매일 늦잠을 자던 아이들도 소풍날 아침이면 일찍부터 일어나 부산하게 움직인다. 소풍을 가고 싶다는 간절함이 누가 시키지 않아도 스스로를 움직이게 만든다. 피곤에 찌든 직장인들도 이상하게 월급날이나 보너스 받는 날이면 알 수 없는 에너지가 솟는다. 그들의 삶을 좀 더 원활하게 만들어 줄 너무나도 필요한 윤활유이기 때문이다. 간절함은 늦잠 자던 아이들도 일찍 일어나게 하고 축 처진 직장인들의 어깨도 확 펴지게 만드는 힘이 있다. 당장 행동하지 않고는 배길 수 없고, 지속적으로 행동하게 만드는 마법이다.

사자 우리에 들어간 아이를 구하기 위해 뛰어든 엄마에게 자신이 얼마나 작고 힘이 없는 존재인지, 사자의 이빨이 얼마나 날카로운지는 문제가 되지 않는다. 중풍에 걸려 거동이 불편했던 환자가 뱀이 나타났다는 소리를 듣고 벌떡 일어나 도망갔다는 일화도 있다. 영웅이 되길 원하는가. 간절해져야 한다. 너무나도 간절해 다른 것은 더 이상 중요하지 않게 보일 정도가 되어야 한다. 그래서 모든 것을 영웅이 되는 일정에 맞출 수 있어야 한다.

3장
Step 3. 시련은 기회다

경쟁하지 않고도 살아갈 수 있다면 얼마나 좋을까. 어떤 어려움이 닥치더라도 손쉽게 해결할 수 있는 도깨비 방망이라도 가지고 있다면 세상은 얼마나 수월할까. 그렇게 할 수 없기에 우리에겐 시련이라는 것이 다가온다. 시련은 사람을 힘들게 한다. 하지만 그 시련을 딛고 일어설 때 당신은 진정한 성공을 맛볼 수 있다. 시련은 당신의 성공을 막는 장애물이 아니라 딛고 있어설 점프대가 되어 당신을 더 멀리, 더 위로 향하게 한다.

날씨 좋은 어느 날, 개구리 삼형제가 소풍을 나섰다. 그런데 농부가 내다놓은 커다란 우유통에 빠지고 말았다. 우유통이 얼마나 큰 지 아무리 애를 써도 빠져 나올 수가 없었다.

첫째 개구리가 말했다. "이제 우리 힘으로는 아무것도 할 수가 없어. 모든 것을 포기하고 하늘의 뜻에 따르는 것이 좋겠다." 첫째 개구리는 꼼짝도 하지 않고 우유 위에 둥둥 떠 있다가 그만 죽고 말았다. 그러자 둘째 개구리가 눈물을 뚝뚝 흘리면서 하나님을 원망했다. "하나님, 제가 무슨 잘못을 했다고 이런 큰 벌을 내리십니까? 정말 억울합니다." 둘째 개구리는 살기 위해 우유통 벽을 계속 기어올라가며 발버둥을 치다가 지쳐서 죽고 말았다. 하지만 셋째 개구리는 포기하지 않았다. "우유통 속에 빠진 것은 우리 실수야. 하지만 분명히 빠져 나갈 방법은 있을 거야. 이대로 죽을 수는 없어!" 셋째 개구리는 열심히 헤엄을 치면서 밖으로 나갈 방법을 궁리했다. 밤새 포기하지 않고 헤엄을 치던 셋째 개구리는 발끝에 무엇인가 딱딱한 것이 걸리는 것을 발견했다. 셋째 개구리가 열심히 우유를 저은 덕분에 우유가 굳어서 버터가 만들어진 것이다. "찾았다! 여기서 뛰면 밖으로 나갈 수 있을 거야!" 셋째 개구리는 발끝에 닿은 것을 딛고 있는 힘껏 뛰었다.

개구리 삼형제에게 닥친 시련은 모두 똑같았다. 하지만 그 시련을 극복하지 못한 첫째와 둘째 개구리는 죽을 수밖에 없었고, 자신의 실수를 인정하고 어떻게든 살아나갈 방법을 궁리하던 셋째 개구리는 살아남게 되었다. 살아가면서 어떤 시련은 당신이 자초하기도 하겠지만, 예기치 않았던 문제들이 더 많은 시련들을 가져온다. 어차피 겪어야 할 시련이라면 그것을 원망하기보다 어떻게든 헤쳐 나갈 방법을 찾아 새로운 기회를 잡아야 한다.

세상에 공짜는 없다. 무엇이든 대가가 필요하다. 사람들은 누구나

'행복'을 갈구하지만 그 행복은 그냥 주어지지 않는다. 모든 것은 그에 상응하는 대가를 치러야 한다. 그 과정이 어떤 시련을 동반할지라도 그것을 이겨내야만 원하는 것을 얻을 수 있다. 영웅이 되기 위한 우리의 여정도 마찬가지다.

극한에 던져진 사람들

영화 〈300〉은 BC 480년 '크세르크세스' 왕이 이끄는 페르시아 100만 대군이 그리스를 침공하는 내용을 배경으로 한다. 하지만 그리스군의 연합이 지연되자 스파르타의 왕 '레오니다스'는 300명의 스파르타 용사들을 이끌고 테르모필레 협곡을 지킨다. 100만 대군과 맞서는 무모한 싸움. 그러나 스파르타 용사들은 나라를 위해, 가족을 위해 그리고 자기 자신의 명예를 위해 불가능한 이 전투에 맹렬히 자신들의 모든 것을 건다. 결국 방어선은 무너지지만 모두 퇴각하지 않고 끝까지 남아 장렬하게 전사한다.

스파르타 용사들은 국가를 위해 목숨을 바쳐 싸우는 것을 명예로 생각했다. 그러한 정신으로 무장되어 있었기 때문에 페르시아의 100만 대군에 대응하는 등 열세인 상황에서도 죽음을 두려워하지 않았다. 그러나 무엇보다도 스파르타 용사들의 용맹함은 세상에서 가장 잔혹한 전사 훈련과정을 통해 만들어졌다고 할 수 있다. 어떤 육체적 고통도 감수하며 오직 살아남기 위한 처절하고 잔혹한 과정을 거쳐 최후에 살아남은 자만이 진정한 전사로서의 대접을 받았다. 특별히 훈련된 스파르타 군대는 일단 교전이 일어나면 속전속결로 끝낼 만큼 강해서 전 그리스인들의 두려움의 대상이 되기도 했다.

스파르타 용사 못지않게 그 용맹성으로 유명한 몽골의 전사들은 어려서부터 혹독하게 자라기로 유명하다. 그 중 몽골 소년들의 성인식은 세상에서 가장 혹독한 것으로 알려져 있다. 강한 눈보라와 세찬 바람이 몰아치는 영하 40도의 날씨, 눈을 뜨고 있기도 어려운 상황에서 몽골의 대초원을 말을 타고 왕복 80킬로미터를 달려야 한다. 살을 에는 추위와 바람에 볼은 발갛게 물들다 못해 핏줄이 터지더라도 몽골 대초원의 광활한 공간을 향한 말타기는 멈출 수가 없다.

마침내 임무를 완수하고 돌아온 말과 소년들의 모습은 너무나 참혹하다. 입김이 얼어붙어 말의 입가엔 온통 허옇게 고드름이 맺혀 있고, 말이 흘린 땀은 그대로 얼어붙어 곳곳에 얼음으로 맺혀 있다. 그러면서도 온몸에선 뜨거운 김이 펄펄 난다. 말의 고삐를 놓치지 않으려고 안간힘을 썼을 소년들의 손은 얼어붙어 퍼렇게 동상에 걸려 있지만 누구 하나 아프다고 어리광부리는 이 없이 고통을 참고 견딘다. 이제 그 모진 눈보라를 뚫고 온 소년들의 눈빛은 말 위에 올라 누군가의 출발 신호만을 기다릴 때와는 판이하게 다르다. 푸른 늑대의 후손, 몽골 유목민의 소년들은 이렇게 아이에서 남자로 거듭난다.

세계 역사의 한 부분을 지배했던 스파르타의 용사와 몽골의 전사들은 인간의 한계를 시험하는 가장 혹독하고 잔인한 과정들을 이겨낸 승리자들이었다. 그 어떤 누구와 맞서더라도 두려워하지 않고, 광활한 대지를 뒤흔드는 맹렬한 함성과 함께 뒤돌아보지 않고 오직 전진할 수 있었던 이유는 바로 시련의 순간들이 그들의 심장에 안겨준 용맹함 때문이었다.

그럼에도 불구하고

다음 (1), (2)에서 말하는 인물은 누구일까?

(1)

- 가난으로 학교를 그만 두고 집에서 쫓겨남
- 어머니 풍토병으로 사망
- 공천 2회 및 선거 5회 탈락
- 사업 2회 파산
- 약혼녀 앤 말라리아로 사망
- 신경 쇠약과 정신 분열증으로 입원
- 둘째 · 셋째 아들 사망
- 56세 나이로 피격 사망

(2)

- 다문화가정(아버지:케냐, 어머니:미국) 출생
- 학교에서 집단 따돌림 당함
- 부모의 이혼으로 결손가정에서 성장
- 정체성 혼란을 겪은 청소년기

(1)의 인물은 지독한 가난과 맞서 싸워야 했고, (2)의 인물은 개인적 열등감과 맞서 싸워야 했다. (1)의 인물은 사랑하는 이들의 죽음과 거듭되는 일의 실패를 맛보았고, (2)의 인물은 뿌리 깊은 편견으로 인한 사회적 차별을 맛보았다. (1)의 주인공은 미국의 16대 대통령 에이브러햄 링컨이고, (2)의 주인공은 미국의 44대 대통령 버락 후세인 오바마다.

링컨을 연구한 전문가들에 따르면 그는 27번의 실패를 거듭했다. 계속되는 실패에 친구들은 그의 주변에서 모든 칼과 면도날을 치워버릴 정도였다고 한다. 그러나 링컨은 절망의 감옥에 갇혀있지 않았다. 낙선했다는 이야기를 듣고 곧바로 음식점으로 달려갔다. 그리고 배가 부를 정도로 많이 먹었다. 그 다음 이발소로 가서 머리를 곱게 다듬고 기름도 듬뿍 발랐다. 그리고 그는 외쳤다. "이제 배가 든든하고 머리가 단정하니 걸음걸이가 곧을 것이고 목소리는 힘이 찰 것이다. 내 스스로 다짐한다. 다시 힘을 내자. 에이브러햄 링컨!"

마침내 링컨은 52세 되던 해 16대 대통령에 당선됐고 재선에도 성공했다. 물론 그는 피격으로 사망했지만 누구도 링컨을 패배자로 생각하지 않는다. 역사상 가장 존경받는 대통령으로 기억할 뿐이다.

오바마는 흑인 아버지와 백인 어머니 사이에서 태어난 혼혈이다. 게다가 그의 가계도는 너무나 복잡하여 알아보기도 힘들다. 이는 케냐의 일부다처제 때문이다. 하지만 두 번째 부인이었던 어머니는 그가 두 살 때 이혼을 하고 그는 거의 모든 세월을 백인 외조부님과 보냈다. 하와이에 살던 오바마는 명문학교로 손꼽히는 푸나호우에 입학했으나 대부분의 학생이 백인이었던 탓에 편견에 가득찬 차별을 받으면서 정체성의 혼란과 함께 방황의 시기를 겪었다. 그리고 술과 코카인에까지 손을 댔다. 그러던 어느 날, 그는 아버지의 무덤을 찾았다. 그리고 자신이 가야 할 길에 대한 진지한 고민을 했다. 하버드대학교에 진학한 그는 편견을 극복하고 그 누구보다 열정적으로 살았다. 그리고 결국 미국 최초의 흑인 대통령이 되었다.

링컨에게 있어 중요했던 것은 '어떻게 실패를 딛고 일어설 것인가'였다. 수많은 실패와 좌절에도 불구하고 도전을 멈추지 않은 그는 승리자였다. 또한 사회적 편견 속에서 열등감과 싸워야 했던 오바마는 수많은 편견과 차별에도 불구하고 미국사회의 패러다임을 바꾸면서 전세계 유색인종들의 희망이 되었다.

링컨과 오바마가 한 나라의 지도자로서 존경받는 것은 시련을 이겨내고 그 자리에 올랐기 때문이다. 인류 역사에 길이 남을 연구와 문학으로 노벨상을 수상한 마리오 카페키와 도리스 레싱이 존경을 받는 이유도 이와 별반 다르지 않다.

노벨 의학상을 수상한 마리오 카페키 교수는 '아메리칸 드림'의 상징이다. 그는 이탈리아 공군장교 아버지와 반 나치·반 파시즘주의 어머니 사이에서 태어났다. 아버지는 2차 세계대전 중 사망했고, 어머니는 게슈타포에 잡혀 나치수용소에 끌려갔다. 카페키의 나이 겨우 네 살 때의 일이다. 혼자 된 그는 부랑아들과 어울려 쓰레기통을 뒤지며 먹을 것을 찾고 굶어죽지 않기 위해 음식을 훔쳤다. 거리의 처마 밑에서 밤잠을 잤고 추울 때는 고아원을 찾았다. 3년 넘게 부랑아로 살다가 수용시설에 감금됐다.

나치 패망으로 전쟁이 끝나면서 풀려난 어머니는 1년간이나 아들을 찾아 헤매다가 수용시설에서 아홉 살 된 카페키를 만났다. 모자는 미국 펜실베니아주의 외삼촌을 찾아갔고 과학자인 외삼촌의 영향으로 카페키는 의학의 길을 걷게 됐다.

1967년 하버드대학에서 박사 학위를 딴 그는 '유전자 적중' 연구를 위해 '국립보건원'에 지원 신청을 했으나 '쓸모 없는 연구'라며 퇴짜를 맞았다. 그러나 카페키는 연구를 멈추지 않았고 마침내 난치병 치료에 서광을 비춘 업적을 남기며 노벨 의학상을 받게 됐다. 국립보건원은 '우리의 말을 듣지 않아 주어 정말 고맙다'는 사과 편지를 보냈다.

노벨 문학상을 받은 도리스 레싱은 1919년 은행원인 아버지와 간호사인 어머니 사이에서 태어났고 그녀가 여섯 살 때 새로운 삶을 찾아 아프리카 짐바브웨로 이주했다. 정부 지원금과 융자로 떠났으나 아프리카 현실은 뜻과 같지 않았다. 진흙으로 손수 집을 지어야 할 정도로 힘들었고 학비를 댈 형편도 못 되어 열세 살에 학교를 그만뒀다. 그 후 레싱은 타이피스트, 전화교환원으로 생활전선에 뛰어들어야 했으며 공부는 순전히 독학이었다. 그녀는 두 번의 결혼에서 실패하고 아들 하나만 데리고 부모의 고향인 영국으로 돌아왔다. 그 때 레싱의 수중에는 단돈 20파운드뿐이었다. 춥고 배고픔과 설움 속에서 그녀는 글을 썼고, 소설의 주제는 주로 '아프리카의 인종간 불화와 착취, 문명간 충돌과 갈등, 제국주의와 자본주의의 모순' 등이고 '기존의 가치, 체제, 이념, 제도'에 대한 철저한 비판이었다.

권위있는 노벨상의 수상자가 된다는 것은 오직 열정을 다해 그 분야에서 뛰어난 성과를 거두었다는 것을 의미한다. 카페키와 레싱에게 주어졌던 불우한 환경은 장애물이 아니라 뛰어난 성과를 거둘 수 있는 발판이 되었을 뿐이다. 어두운 어린 시절을 보낸 카페키와 레싱은 가난과 실패를 딛고 일어서 자신들이 추구했던 의학과 문학에 큰 발자취를 남겼다.

카페키와 레싱이 경험한 좋지 않은 가정환경이 정신적 시련이었다면 이제 얘기할 이들에겐 자신의 의지만으로는 변화시킬 수 없는 신체적 시련이 걸림돌이었다. 하지만 그들은 '그럼에도 불구하고' 우뚝 일어서 많은 이들의 희망으로 자리해 있다.

20세기가 시작되는 즈음에 미국 보스톤 교외에 위치한 정신 지체아들과 정신질환자들을 위한 시설엔 앤이라는 소녀가 있었다. 어머니는 이미 결핵으로 죽은 후였으며, 아버지는 알콜중독자로 앤과 동생을 돌볼 수 없는 상태였다. 아버지에게 당한 학대의 상처를 안고 있던 앤은 보호소에 온 지 얼마 되지 않아 동생마저 세상을 떠나자 충격으로 정신 이상 증세를 보이고 실명까지 하게 되었다.

앤은 수시로 자살을 시도하고 괴성을 지르며 사람들의 접근을 차단했다. 결국 병원에서는 그런 앤을 감당하지 못하고, 회복 불능이라는 판정을 내리고 정신 병동 지하 독방으로 보내버렸다. 하지만 앤을 향한 도움의 손길을 놓지 않은 사람이 있었다. 병원의 노老간호사 로라가 앤을 돌보겠다고 자청하고 나섰다.

로라는 정신과 치료 보다는 앤에게 친구로서 다가가기로 결심했다.

날마다 과자를 들고 가서 책을 읽어 주고 기도를 했다. 그러나 한결 같은 로라의 마음에도 불구하고 앤은 마치 돌이 되어 버린 듯 아무 말이 없었고, 자신을 위해 가져다 놓은 특별한 음식도 먹지 않았다.

그러던 어느 날, 로라는 앤의 앞에 놓았던 초콜릿 접시에서 초콜릿 하나가 없어진 것을 발견했다. 로라는 앤이 변화하고 있다는 확신을 얻었다. 더욱 힘을 내어 앤에게 책을 읽어주고 기도를 멈추지 않았다. 그러자 앤이 반응을 보이기 시작했다. 가끔이지만 로라에게 한 마디씩 말을 건네더니 그 횟수는 점점 늘어났다.

그리고 마침내 2년 만에 앤은 정상 판정을 받아 파킨스 시각장애인 학교에 입학했고 밝은 웃음을 되찾았다. 얼마 뒤 자신을 돌봐주던 로라가 세상을 떠났지만 앤은 과거처럼 좌절하지 않았다. 로라가 그녀에게 남겨준 사랑과 정성으로 희망을 볼 수 있는 마음의 눈이 생겼다. 누구보다 열심히 학업에 충실했던 앤은 최고 우등생으로 학교를 졸업했다. 게다가 한 신문사의 도움으로 개안에도 성공하여 다시 세상을 볼 수 있게 되었다.

어느 날, 신문을 보던 앤은 한 광고문구에 시선이 꽂혔다. '보지도, 듣지도, 말하지도 못하는 소녀 돌볼 사람 구함.' 앤은 주저 없이 그 소녀를 찾아갔다. 여섯 살임에도 불구하고 가장 기초적인 교육조차 되어 있지 않았던 소녀는 손으로 음식을 먹고 마구 소리를 지르고 그릇을 집어 던지는 등 마치 야수와도 같았다. 앤은 그런 그 소녀의 모습 속에서 과거 자신의 모습을 발견했다. 주위 사람들은 그 소녀가 보통사람들과 같이 생활할 수 있게 가르치는 것은 불가능하다고 했지만 앤은 단호히 말했다. "저는 할 수 있다고 확신해요."

그날부터 앤과 야수 소녀와의 싸움이 시작되었다. 얼굴을 씻는 것도 머리카락을 빗는 것도, 나이프와 포크로 식사를 하는 것도 격투를 하면서 가르치지 않으면 안 되었다. 단지 울어대는 것과 소리지르는 것으로 의사를 표현해왔던 소녀는 엄격한 교육에 전신으로 반항했다. 하지만 앤은 신중하고 끈기 있게 단 하나 남아있는 인식의 창구인 촉각을 통해서 암흑에 갇힌 영혼을 향해서 자극을 주었고, 결국 그 소녀를 20세기 기적의 주인공으로 키워냈다. 그 아이가 바로 헬렌 켈러이고, 그 선생님이 앤 설리반이다.

인간의 힘으로 어쩔 수 없는 신체적 장애를 딛고 일어서 비장애인들의 본보기가 된 로라, 앤, 헬렌 켈러의 승리를 사람들은 '기적'이라 부르길 주저하지 않는다. 하지만 이것은 단순한 기적이 아니다. 세 여인의 사랑과 노력이 바탕이 된 아름다운 결과이다. 그리고 이 아름다운 결과는 지금도 전 세계인들에게 영향을 미치고 있다.

포기하는 사람들에게는 핑계가 많다. 경제력, 신체적 조건, 학력, 사회의 편견, 부모의 반대, 건강, 날씨 등. 오죽하면 '핑계 없는 무덤 없다'는 말까지 생겨났을까. 그렇지만 포기하지 않는 사람, 끝내 성취하는 사람들에게는 핑계란 없다. 모든 어려움은 성공을 위해 해결해야 할 하나의 과제일 뿐 포기해야 하는 이유가 되지 못한다. 링컨도, 오바마도, 카페키도, 레싱도, 헬렌 켈러도… 모든 영웅들은 언제나 '그럼에도 불구하고' 극복하고 다시 도전하길 주저하지 않았다. 그리고 마침내 성취해냈다.

열악한 조건을 최고의 발판으로

2004년 어느 공연장에서는 룩셈부르크 필하모닉 오케스트라의 아름다운 연주 소리가 관객들의 귓속을 두드리고 마음속에 스며들고 있었다. 사람들은 숨죽여 연주에 집중했고, 세상은 마치 그 음악 외에는 아무것도 존재하지 않는 듯 보였다. 그리고 곧 한 연주가가 등장했고, 연주는 한층 더 부드러운 아름다움을 발하며 좌중을 압도했다. 세계 최고의 타악기 연주자, 에블린 그레니. 그녀의 등장은 음악에 신선한 생명력을 더해 협연이 줄 수 있는 최상의 아름다운 조화로 우레와 같은 박수를 받았다.

연주가 끝난 후 사람들이 물었다. "듣지도 못하는데, 어떻게 그렇게 연주를 잘 할 수 있는 거죠?" 사실 그녀는 12살 때 청력을 잃은 청각 장애인이었다. "하나의 감각을 잃어버리면, 다른 감각들이 잃어버린 감각을 대신하죠. 그래서 듣는 방식이 바뀌게 되요." 그녀의 설명에도 사람들은 놀라움을 쉽게 진정시키지 못했다. "난 이미 사라진 박수 소리를 듣고 있어요. 이해하시겠어요? 난 공기 속에서 울림의 여운을 더 오랫동안 들을 수 있어요."

그녀는 청력을 잃은 후에도 좋아하는 연주를 계속해야만 한다는 의지를 굽힐 수 없었다. 그래서 바로 소리의 진동과 뺨의 떨림, 그리고 온몸을 타고 느껴지는 진동을 통해 소리를 감지하는 법을 배우기 시작했다. 연습할 때에는 항상 맨발로 무대에 올라 마루를 통해 전해지는 소리의 진동을 발바닥으로 느끼기 위해 노력했고, 결국 그녀는 발바닥을 통해 느끼는 아주 작은 떨림으로 소리를 구별하는 법을 배웠다. 귀가 아닌 온몸으로 소리를 들었다. 그리고 20여 년의 노력 끝에 아주 미세한 공기의 떨림만으로도 음의 높낮이를 완벽하게 구별할 수 있게 되었다. 그녀는 다른 사람들이 들을 수 없는 소리까지 듣게 되었고, 세계 최고의 연주자로 거듭났다.

신체적 장애를 딛고 최고의 자리에 올라 감동적인 연주를 들려주는 에블린 그레니처럼 오프라 윈프리도 아픈 과거를 이겨내고 세계 최고의 토크쇼 진행자가 되어 소외된 사람들에게 희망을 전하고 있다. 지금은 세상 누구 못지않은 큰 성공을 이루어낸 그녀지만 유년시절은 그 누구보다 암울했다. 그녀는 아주 가난한 서출로 태어난 흑인이었다. 어린 시절 할머니에게 키워지다가 어머니에게로, 다시 아버지에게로 옮겨 다녀야 했다. 게다가 친척으로부터 강간을 당했고, 임신을 하게 됐다. 조산으로 아기는 사망했다.

어린 나이에 겪기에는 너무 참혹한 삶이었지만 그녀는 과거에 연연하거나 부끄러워하지 않는다. 상처를 실패가 아닌 지혜로 바꾸기 위해 노력하며, 이러한 경험들을 보다 많은 사람들과 나누며 어려운 삶을 살아가는 누군가에게 힘의 원천이 되기를 수 있기를 바랐다.

미국 전역뿐만 아니라 전 세계적으로 유명한 방송인이 된 오프라. 그러나 그녀의 도전은 멈추지 않고 있다. '오프라 윈프리 쇼'의 성공을 기반으로 스튜디오와 영화제작사 경영에 뛰어들었고, 영화 제작에만 만족하지 않고 직접 연기를 선보이면서 아카데미상 후보에 오르기도 했다. 새로운 잡지 '오O'를 발간하고, 유선방송사의 경영파트너로 참여하면서 그녀는 순자산 10억 달러가 넘는 최초의 흑인 억만장자가 되었다. 자신의 재산은 흑인대학교에 기부하고, 사랑의 집을 짓고, 수많은 자선단체를 지원하는 일에 사용하고 있다.

강의에 나선 오프라는 청중들에게 "자신을 과거에 가두지 말라, 과거를 극복하라."고 말한다. 오프라는 단지 태도를 바꾸는 것만으로도 미래는 얼마든지 바꿀 수 있다고 말한다. 그리고 미래가 바뀌길 원한다면 자신부터 변화해야 한다고 방향을 제시하고 있다. 그녀는 세상 사람들과의 끊임없는 소통을 통해 긍정적인 영향력을 미치고자 노력해 왔으며, '흑인들의 영웅' '전 세계 여성들의 영웅' '없는 자, 약한 자들의 영웅'이 되었다.

에블린 그레니나 오프라 윈프리가 원치 않아도 찾아든 시련을 딛고 최고 자리에 오른 것과는 조금 다르지만 뱅앤올룹슨의 제품들은 인위적으로 주어진 '테스트'라는 시련을 이겨냄으로써 세계 최고명품가전의 자리에 올랐다. 뱅앤올룹슨의 오디오는 3,800만 원을 호가한다. 스피커는 3,000만 원, DVD플레이어는 850만 원에 달한다. 이렇게 고가의 제품임에도 전 세계 마니아들은 이들 제품에 푹 빠져 있다. 그 가격을 주고도 아깝지 않은 제품의 성능 때문이다. 이 회사의 제품들은 일명 '고문실Torture Chamber'에서 탄생한다. 그리고 그 이름에 걸맞게 고문실로 들어온 제품들은 어느 회사에서도 볼 수 없는 혹독한 성능테스트를 거친다.

리모컨 테스트를 위해 자동 프로그램 된 기계는 리모컨 버튼을 누르는 동작을 수만 번 반복한다. 물 · 콜라 · 뜨거운 국물을 리모컨에 붓는 것은 물론, 손에 묻어 있는 세제 · 로션 등을 리모컨에 스며들게 한다.

(가장 흔히 사용되는 높이인 1.2미터에서 리모컨을 떨어뜨리는 테스트는 100만 번을 반복했으나, 결국 고장이 나지 않아 중지했다고 한다.) ‘고문실’ 책임자인 오브 톰센은 “모든 테스트를 실시한 후 완벽하게 작동하는 것이 확인된 후에야 비로소 소비자의 손에 리모컨이 쥐어지게 된다.”고 말했다.

TV 테스트는 TV를 영하 25도의 냉동고에 6시간, 섭씨 40도의 오븐에 다시 6시간 두었다가 꺼낸다. 테스트 결과 TV 세트의 틈이 조금이라도 벌어지거나 정상적으로 작동하지 않으면 불합격이다. 톰센은 “무더운 열대지역에 배달되는 TV의 경우 차가운 화물칸에서 바로 꺼내는 경우도 있으므로 반드시 필요한 실험이다.”라고 말했다. TV 화면은 45킬로그램의 납덩어리로 두드려 깨지는지, 그리고 만약 깨진다면 파편의 날카로움으로 위험이 발생되는지 여부가 실험 대상이 된다. 또 모든 뱅앤올룹슨 제품은 1년간 햇볕에 노출시킨 후 색상의 변화가 없어야 하며, 포장된 상태에서 수천 번 흔들어도 제품에 전혀 손상이 없어야 합격이다.

고문실에서는 이렇게 소비자가 제품을 사용하면서 일어날 수 있는 모든 상황을 가정해 테스트하고 있다. 또 하나, 타사의 성능 테스트는 단계별로 동일한 제품을 여러 개 사용하는 반면, 뱅앤올룹슨에서는 한 개의 제품을 놓고 모든 테스트를 거치는 것이 특징이다. 그야말로 진정한 고문실이 아닐 수 없다.

사실 뱅앤올룹슨의 실험 원칙들은 조금 과하다 할 수도 있다. 세상에 TV가 영하 25도의 냉장고에 6시간 들어가 있을 가능성이 얼마나 있겠는가. 하지만 고문실에서 제품들에 가하는 혹독한 실험이 뱅앤올룹슨을 세계 최고의 명품 기업으로 만들었다.

다른 사람보다 열악한 조건에 있다면 그 사람의 몇 배로 땀을 흘려야만 한다. 다른 사람보다 뛰어나고 싶다면 없는 시련도 만들어 이겨내겠다는 각오가 필요하다. 1천일의 연습을 단鍛이라 하고, 1만일의 연습을 련鍊이라 한다. 이 '단련'의 과정이 있어야만 비로소 꿈은 현실이 된다. 당신이 진정 영웅이 되고 싶다면 지금 당신 앞에 닥친 시련을 두 팔 벌려 맞이할 수 있어야 한다. 시련의 과정이 지나고 나면 더욱 강하게 단련된 자신을 발견할 수 있다.

시련은 축복이다

2003년 성탄절, 강아지 한 마리가 앞다리가 없는 상태로 태어났다. 주인은 평생을 기어 다녀야 할 이 강아지를 위해 안락사를 결심했다. 하지만 이야기를 전해들은 로라의 가족은 가엾은 강아지를 입양하고 반드시 행복한 강아지가 될 것이라는 믿음을 담아 '페이스Faith'라는 이름을 붙여주었다. 그리고 로라의 가족은 불가능할 것 같은 일에 도전했다. 사람의 유일한 능력이라 여겨졌던 직립 보행을, 앞다리가 없이 태어난 강아지에게 훈련시켰다.

페이스는 앞의 두 다리가 없는 것을 빼곤 모든 것이 정상이었다. 어리광도 피우고, 수영도 하며 맘에 들지 않는 개를 만나면 무섭게 짖기도 했다. 강아지에게 직립 보행을 훈련시킨다는 것은 물론 쉽지 않았다. 하지만 훈련 중에는 가족들도, 페이스도 그 어느 때보다 진지했다.

가족들은 포기하지 않았고, 페이스 또한 잘 따라와 주었다.

이제 페이스는 멀리서 보면 사람이 걷는 것으로 착각할 만큼 완벽한 직립 보행을 할 수 있다. 이 같은 페이스의 능력은 시민들뿐 아니라 수의사들에게도 매우 놀라운 이야기로 받아들여졌다. 페이스는 미국 언론의 주목을 받게 되었고, 2005년 12월에는 《귀여운 페이스와 함께》라는 책으로 페이스의 감동스토리가 출판되기도 했다. 많은 이들이 페이스를 보기 원했고, 장애인들은 물론 삶에 지쳐있던 사람들이 페이스를 통해 힘을 얻었다. 앞다리가 없어 안락사의 위기에까지 처했던 시련을 극복한 페이스는 많은 사람들에게 감동과 용기를 선물했다.

페이스가 시련을 극복하고 사람들에게 삶의 희망을 선물했다면, 스탠포드 부부는 아들의 죽음의 아픔을 극복하고 사람들에게 배움의 기회를 선물했다. 이들 부부에게는 외아들 릴랜드 2세가 있었다. 결혼 후 18년간 자녀가 없던 차에 릴랜드 나이 마흔네 살, 부인 제인의 나이 마흔 살이던 해에 그들을 찾아온 축복이자 선물 같은 아이였다. 금이야 옥이야 부모의 더할 나위 없는 애정을 한 몸에 받으며 자라난 소년은 부부가 사는 이유 자체였다.

아들의 나이 열다섯 살 때, 의사는 건강이 좋지 않았던 아들을 위해 유럽여행을 권유했다. 릴랜드 또한 해외여행은 자녀의 교육에 좋은 자극이 되리라고 생각했다. 하지만 여행 도중 아들은 병에 걸리고 말았다. 부부는 아들의 병을 호전시키기 위해 모든 노력을 기울였지만 그런 노력에도 아들은 열여섯 살 생일을 앞두고 세상을 떠났다.

부부는 아들의 죽음으로 슬픔과 절망에 빠져 하루하루를 힘겹게 버텨냈다. 그러던 어느 날 지쳐 잠이 든 릴랜드의 꿈속에 그토록 그리던 아들이 나타났다. 걱정스러운 표정으로 아버지를 바라보던 아들은 잔뜩 야윈 아빠의 손을 잡으며 말했다. "아빠, 힘내셔야 해요. 아빠 하실 일이 많잖아요. 나를 위했던 마음을 이젠 다른 이들과 나누세요."

잠에서 깬 릴랜드는 아들의 말이 쉽게 잊혀지지 않았다. 그리고 가슴 속에 무언가 알 수 없는 희망이 꿈틀거림을 느꼈다. 스탠포드 부부는 자신들이 가진 막대한 부를 어떤 형태로든 사회공헌 사업에 기여하고 싶다는 생각을 전부터 품고 있었지만, 구체적인 형태를 갖추지는 못했다.

아들이 꿈속에서 해준 얘기로 인해 릴랜드는 그 동안 탄식하며 슬퍼했던 것에서 벗어나 새롭게 살아갈 희망을 얻고, 캘리포니아에 살고 있는 소년소녀를 위한 교육기관을 만들기로 결심했다. 아내인 제인도 적극 찬성했다. 이렇게 해서 캘리포니아주 팰러앨토에 스탠포드대학교가 설립되었다. 하나밖에 없는 아들의 죽음이 가져온 시련을, 세상에 많은 아들의 교육을 위해 슬기롭게 승화시킨 스탠포드 부부의 노력이 오늘의 명문대학을 만들고, 공부하고자 하는 이들에게 질 높은 교육의 기회를 선물했다.

검사, 판사, 의사, 변호사 등 소위 '사' 자가 들어가는 부류를 우리 사회는 엘리트라 지칭한다. 세상에 비춰지는 그들의 삶은 빈틈없으면서도 화려해 보인다. 하지만 사회가 씌운 '엘리트' 라는 왕관이 너무 버거웠던 이우재 부장판사의 이야기는 우리에게 삶에 대한 겸허함을 선물로 준다. 서울대 법대를 졸업하고 사법고시에 합격해 판사로 승승

장구하던 그는, 2009년 어느 날 언론을 통해 자신이 극심한 우울증에 시달렸으며, 자살을 시도한 경험이 있다고 고백했다.

1988년 제 30회 사법시험에 합격하고 연수원 졸업성적이 꽤 좋았던 그는 서울중앙지법에 배치되면서 소위 '잘 나가는' 엘리트 대열에 끼였다. 하지만 2006년 그에게 시련이 닥쳤다. 가족 갈등과 주식 투자의 실패라는 정신적 고통은 쏟아지는 업무 스트레스와 건강 악화가 겹치면서 극에 달해 잠을 이루지 못하게 했다. 나중엔 오후 4시만 되면 가슴이 쿵쾅쿵쾅 뛰는 이상증세도 나타났다. 명상이나 달리기를 해보기도 하고 한의원을 내 집 드나들 듯했으며 수면제도 복용해 보았지만 그 어떤 것도 효과가 없었다. 관사 베란다 창문에 기대어 밖을 내다보는데 '여기서 뛰어내리면 인생이 편해지겠다' 라는 생각이 들 정도였다.

결국 어느 날 그는 안방 욕실에서 샤워 호스를 목에 감고 욕조에서 발을 뗐다. 순간적이고 충동적인 자살 시도였다. 호스가 목을 조이자 숨이 막히며 이마에 핏발이 섰다. 이렇게 죽는구나 싶은 순간 그의 체중을 이기지 못한 샤워 호스가 벽에서 뽑혔다. 욕실 바닥에 나뒹굴게 된 그는 그대로 나자빠진 채 쏟아지는 찬물을 뒤집어쓰고 눈물을 흘렸다.

자살 실패 후에도 그는 끊임없이 죽을 방법을 찾아 헤맸다. 마음속에서는 하루에도 몇 번씩 살아야 한다는 외침과 죽고 싶다는 외침이 교차했으며, 정신병원에 입원도 하고 산속의 수련원에 들어가기도 했다. 그렇게 삶과 죽음 사이에서 힘겨운 사투를 벌이고 있던 그에게 어느 순간 자신이 스스로 세상에서 도망쳐 나왔음을 깨달았다. 그는 세

상과 부딪치기로 결심했다. 더이상 고통의 세상으로부터 도망치는 것
이 아니라 세상 속에 살면서 깨우치기로 결심한 것이다. 다른 사람들
에게 법률적 문제가 생기면 즉시 법률 전문가와 상담하라고 충고해왔
던 자신이, 정작 자신에게 문제가 생기자 전문가의 도움을 외면한 것
에 대해 후회했다.

완치되어 법원으로 돌아간 그는 말했다. "여러 사람들의 도움으로
짧은 기간에 극복할 수 있게 되어 다행입니다. 진즉에 이런 일을 겪었
다면 판사로서 사는 데 진정 도움이 됐을 거라는 생각마저 들었습니
다." 자신의 목숨을 끊으려고 했던 만큼 고됐던 삶의 기억이 앞으로
살아갈 날을 위해 뿌려진 희망의 씨앗이 됐다.

'LIFE(삶)'란 단어에 'IF'가 들어가는 이유는 '삶에는 항상 가능성
이 있기 때문'이다. 도저히 걸을 수 없을 것 같아 안락사의 문턱까지
갔던 페이스에게서 로라의 가족은 '걸을 수 있다는 가능성'을 봤다.
아들을 잃고 삶의 희망이 없어졌다고 낙담했던 스탠포드도 '세상의
아들에게 기회를 줄 수 있는 가능성'을 봤다. 그리고 이우재 판사는
죽음을 통해서라도 그토록 벗고 싶어 했던 '엘리트'라는 왕관의 역할
을 겸허한 마음으로 받아들이게 됐다.

시련을 극복한다는 것은 그 뒤에 있을 또 다른 가능성을 믿는 것이
다. 지금 이 순간 모든 것이 큰 장벽에 둘러싸여 그것 밖에는 아무것도
없는 것 같지만, 그 장벽을 부수고 나아간다면 새로운 기회가 기다리
고 있을 것이라고 믿는 것이 중요하다. 내가 살아 숨 쉬는 한 '끝장'
은 없다. 당신이 도전을 멈추지 않는 한 가능성은 언제나 함께 한다.

그리고 가능성은 곧 현실이 되어 많은 이들에게 선물로 나눠진다.

바닥을 치고 일어서다

마쓰시타 고노스케. 그는 최고의 일본 상인으로 '경영의 신'이란 별명으로 널리 알려진 사람이다. 하지만 그가 최고 사업가로 성공하기이전에는 거듭되는 시련들이 있었다.

마쓰시타의 나이 여섯 살 때 아버지는 쌀 투기에서 실패하고 사업에망했다. 아홉 살 때, 그는 학교를 중퇴하고 3년 동안 아이를 돌보는 보모로 첫 직장생활을 시작했다. 마쓰시타의 두 번째 직장은 자전거포였다. 1905년 당시 첨단 문물이었던 자전거를 직접 닦고 고치며 판매하는 일은 힘들었지만 큰 즐거움이었다. 그는 언제나 새벽 다섯 시에 일어나 길에 물을 뿌리고 밤늦게까지 점포를 지켰다. 손님이 없는 동안엔 닥치는 대로 책을 읽었다.

열일곱 살이 되던 1910년, 마쓰시타는 세 번째 직장인 오사카 전등회사에 입사했다. 말단 직공이었으나 당시 신문명의 상징이었던 전등관련 일을 하면서 많은 것을 배웠고, 결국 23세의 나이로 '마쓰시타전기기구 제작사'를 창업했다. 그에게 커다란 부를 가져다 준 것은'쌍소켓'과 자전거의 전조등이었다. 20대 후반에 이미 그는 주목받는청년 사업가의 위치에 올랐다.

하지만 성공한 듯 보였던 그의 인생에 또다시 시련이 찾아왔다. 1929년 세계 대공황이 오고 일본 역시 은행들이 도산하고 많은 기업들이 종업원을 해고했다. 잘 나가던 마쓰시타의 회사 또한 어려운 건 마찬가지였다. 하지만 그의 대응법은 남달랐다. 주 2일 휴무를 정해 생산량을 줄였지만 한 명도 해고하지 않았다. 공장은 반나절만 가동했지만, 직원의 급료는 깎지 않았다. 대신 휴일을 반납한 채 전 직원이 재고품 판매에 총력을 기울였다. 두 달 만에 재고품은 소진되고 공장은 재가동에 들어갔다. 그는 '불황이야말로 발전의 기회'라고 생각한 인물이다. 현재 마쓰시타 그룹은 내셔날 파나소닉을 비롯해 570여 개의 계열사에 25만 명의 종업원을 거느린 세계적 기업으로 우뚝 서 있다.

마쓰시타는 자신의 성공비법에 대해 "나는 가난했기 때문에 어려서부터 보모와 공장 직공으로 경험을 쌓았고, 병약한 몸 때문에 늘 운동에 힘써 건강할 수 있었다. 또한 초등학교도 못나왔기 때문에 세상 사람들을 모두 나의 스승으로 여기고 늘 배우는 자세를 가질 수 있었다."고 말한다. 그는 언제나 '지금하지 않으면 언제 하겠는가'라고 반문하며 시련을 두려워하지 않고 행동했다. 그에게 중요한 것은 그의 앞을 가로막는 시련이 아니라 '꼭 성취해야만 하는 이유'였다.

마쓰시타에게 기업인으로 성장할 수 있는 여건은 그 어느 것도 없었다. 하지만 아무것도 없기에 그는 자신만의 새로움을 창조할 수 있었다. 어린이들만의 전유물로 여겨지던 만화영화를 모든 사람이 사랑하는 예술장르로 새롭게 창조한 월트 디즈니 또한 아무것도 없었지만 늘 새롭게 시작하기를 두려워하지 않았다. 어린 시절 미키마우스에 매료되지 않은 사람이 어디 있을까. 미키마우스를 탄생시킨 월트 디즈니는 어릴 때부터 그림 그리기를 좋아했다. 만화가가 되고 싶어 자신의 그림을 들고 여러 신문사를 찾아갔지만 매번 퇴짜맞기 일쑤였고 한 편집자에게서는 "당신처럼 재능 없는 사람은 처음 봐요. 어서 포기하고 다른 길을 찾아봐요."라는 소리까지 들었다. 그러나 월트 디즈니는 희망을 버리지 않고 기회가 올 것이라는 믿음을 가지고 살았다.

1922년 드디어 월트 디즈니는 일생일대의 동지, 어브 아이웍스와 함께 '래프-오-그램'이라는 회사를 설립하여 단편 만화영화를 제작하기 시작했다. 하지만 영화가 관객의 호응을 얻지 못해 회사는 문을 닫았다. 파산한 후 1923년, 할리우드로 나가 형 로이와 손잡고 '디즈니 브러더스 스튜디오'를 세웠다. 이번엔 〈행운의 토끼 오스월드〉와 〈앨리스〉시리즈가 히트를 치며 성공을 하는 듯싶었다. 하지만 이 또한 배급상들의 농간으로 캐릭터를 빼앗기는 쓴 맛을 봐야 했다.

그래도 그는 굴하지 않고 1928년 '증기선 윌리호steamboat willie'라는 작품을 통해 미키마우스를 처음으로 소개했다. 매일 밤 그의 잠을 방해하며 괴롭히던 쥐가 모티브가 되었다. 4년 뒤인 1932년 미키마우스를 주인공으로 하는 컬러 만화영화를 처음으로 만들었고 이것이 공전의 히트를 치면서 월트 디즈니는 미키마우스를 만든 공로로 아카데미 명예상을 받았다. 〈미키마우스〉시리즈를 내놓으며 주목을 끈 그는 1937년 첫 장편 컬러 만화영화인 〈백설공주〉에 이어 〈피노키오〉〈신데렐라〉 등을 잇달아 내놓으면서 대성공을 거뒀다.

그림을 좋아하고 만화가를 꿈꾸었던 그에게 '재능 없다'는 한 편집장의 평가는 비수나 다름없었다. 하지만 그는 스스로를 믿었고 연속되는 실패에도 좌절하지 않고 끝까지 인내하며 새로운 것을 창조해 내려는 생각을 멈추지 않았다. 그랬기에 인기캐릭터 '미키마우스'를 세상에 내놓을 수 있었고 만화영화는 물론 다양한 분야에서 성공을 이루었다.

《해리 포터》의 작가 조앤 롤링은 자식 딸린 이혼녀로 우울증으로 삶의 나락을 경험했지만 문학에 대한 열정으로 바닥을 치고 올라와 세계적인 베스트셀러를 탄생시켰다. 1965년 7월 영국 웨일스의 작은 시골 마을에서 태어난 롤링은 대학에서 불문학을 전공한 후 비서일을 시작했지만 곧 해고됐다. 결혼을 하긴 했으나 곧 이혼하는 아픔도 겪었다. 생후 4개월 된 딸을 데리고 홀로 영국으로 돌아온 롤링은 애든버러에 초라한 방 한 칸을 얻어 정착했다. 어린 아기를 데리고 할 수 있는 일을 찾기란 쉽지 않았다. 어쩔 수 없이 1년여 동안 정부의 생활보조금으로 연명했지만 아기를 키우기에도 턱없이 부족했다. 결국 롤링은 세상과의 이별을 결심하게 되는데 그 순간 자신의 곁에서 우유를 달라고 보채는 딸을 보게 됐다. 그리고 '사랑하는 딸이 고아로 자라게 할 수는 없다'는 결심을 하고 펜을 들었다. 우울증의 그늘에서 벗어나는 일은 그리 쉽지 않았다. 하지만 그녀는 소설 쓰기를 멈추지 않았다.

그 시절을 돌이키며 조앤 롤링은 이렇게 말했다. "세상에서 가장 두려워하던 실패가 현실이 되어 버렸기 때문에 오히려 저는 자유로워질 수 있었습니다. 실패했지만 저는 살아있고 사랑하는 딸이 있고 낡은 타이프라이터와 엄청난 아이디어가 있었지요." 밑바닥 경험이 그녀가 새로운 인생을 세울 수 있는 단단한 기반이 되어 주었다.

결국 롤링은 《해리 포터》 시리즈를 완성했다. 1997년에 출간한 이 작품은 '고아소년 해리 포터가 친척집에 맡겨져 천대받다가 마법 학교에 입학하면서 마법사 세계의 영웅이 된다'는 줄거리를 담고 있는 환상소설로, 출판되기까지도 우여곡절이 많았다. 하지만 소설을 접한 사람들 사이에 서서히 소문이 나면서 곧 세계적인 베스트셀러가 되었다.

《해리 포터와 혼혈 왕자》는 발매 첫 날 미국에서만 690만 부가 판매되었고 2007년 7월 21일 《해리 포터와 죽음의 성물》은 하루만에 830만 부가 판매되었다. 전 세계 65개 이상의 언어로 번역되었고, 5억 2천만 부 이상 판매되었다. 영화로도 제작되어 천문학적인 수익을 거두었다. 조앤 롤링의 재산은 5억 4,500만 파운드(한화 약 1조 850억)이다. 이는 영국 여왕의 재산보다 많다. 2001년 〈포브스〉지가 선정한 '전 세계 저명인사 100명' 중에서 25위를 차지했으며, 책 판매와 영화 판권으로 2002년 영국 최고 여성소득자에 올랐다. 2004년엔 〈포브스〉지가 집계한 10억 달러 이상의 '세계 최고 부호 클럽'에 합류했다.

2008년 미국 하버드대학교 졸업 축사의 주인공은 조앤 롤링이었다. 그녀가 하버드대학 졸업식에 초청받은 이유는 작가로서 부를 축적했기 때문이 아니라 바로 시련을 딛고 일어섰기 때문이다. 그녀는 세계 최고 엘리트들을 앞에 두고 말했다. "여러분이 하버드 졸업생이라는 사실은 곧 실패에 익숙하지 않다는 뜻이기도 합니다. 하지만 성공에 대한 열망만큼이나 실패에 대한 공포가 당신의 삶을 좌우할 것입니다. 인생에서 몇 번의 실패는 피할 수 없는 것입니다. 실패 없이는 진정한 자신도, 진짜 친구도 결코 알 수 없습니다. 이것을 아는 것이 진정한 재능이고 그 어떤 자격증 보다 가치 있는 것입니다.”

세계 최고 엘리트들을 향해 “실패에 대한 공포가 당신의 삶을 좌우할 것”이라고 외치는 조앤 롤링의 말처럼 우리는 시련 앞에서 더 강해져야 한다. 삶에는 성취보다 더 많은 실패와 상처들이 존재한다. 이것이 우리를 힘들게 하는 것은 분명하다. 그렇다고 실패가 두려워 아무 것도 하지 않는 것은 가장 큰 패배이다. 미련 없이 바닥을 치면 더 이상 두려울 것이 없다. 다시 일어나서 나아갈 일만 남았기 때문이다.

시련을 기회로 만들 배짱이 있어야 한다. 가난했고 병약했기 때문에 마쓰시타는 좋은 경험과 건강을 챙길 수 있었고, ‘재능 없다’는 평을 들었기에 디즈니는 만화영화 만드는 일에 더욱 열과 성을 다했으며, 가장 밑바닥의 삶을 살아봤기에 롤링은 실패에 대한 두려움 없이 오직 글 쓰는 일에 매진할 수 있었다. 누군가가 당신이 성공할 수 없는 이유를 나열한다면 당신은 그것을 극복할 수 있는 방법에 대해 당당히 외칠 수 있어야 한다. 자신의 부족한 점을 부끄러워하고 마주하지 못한다면 당신의 성공 가능성을 부정하는 이들의 이야기가 사실임을 입증할 뿐이다. 아무 것도 없는, 삶의 바닥은 당신이 세울 성공이라는 왕국의 가장 튼튼한 기반이 된다는 걸 잊어서는 안 된다. 더 이상 실패할 것도 없는 당신에겐 두려움이란 있을 수 없다. 성공할 수 없는 이유들을 성공할 수밖에 없는 이유들로 만드는 힘은 바로 자신 안에 있다.

잭 웰치는 역사상 가장 위대한 CEO로 ‘변화와 혁신의 리더’라 불리고 있다. 그는 자신에게 가장 큰 영향력을 미친 인물로 어머니를 꼽는다. "나는 어머니가 마흔 살에 낳은 외아들이었다. 어릴 적 언어장애가 있었고 지금도 남아 있지만 어머니는 걱정하지 마라, 혀가 너의 빠른 머리 회전 속도를 따라가지 못하기 때문이라고 말씀하셨다." 잭 웰치는 어머니의 이러한 가치관에 힘입어 자칫 콤플렉스가 될 수 있었던 결함을 자연스럽게 극복할 수 있었다.

그가 살렘고등학교의 아이스하키 팀에서 뛸 때의 일이다. 최고 학년인 그가 마지막 경기에서 라이벌 고등학교에 패했을 때, 그는 엄청난 실망감으로 하키 스틱을 경기장 얼음판에 내동댕이치고 들어가 버렸다. 이 모습을 지켜본 그의 어머니는 그를 호되게 야단쳤다. "패배를 어떻게 받아들여야 하는지 모른다면 넌 결코 멋지게 승리하는 방법 또한 알 수 없을 거야. 이 사실을 모른다면 넌 경기를 할 자격이 없어." 이 말에 그는 시련을 딛고 일어서는 자세의 중요성을 깨닫게 됐다 .

아프리카 어딘가에는 깊이가 사람의 무릎에도 차지 않는 얕은 강이 있는데, 이 강을 건너기 위해서는 누구나 묵직한 돌을 짊어져야 한다. 얕은 듯 보이나 강의 물살이 너무 세서 물살에 떠내려 갈 수도 있기 때문이다. 평온한 듯 보이는 강을 건너기 위해 무거운 돌을 들라고 하면 어떤 이들은 사서 고생할 필요 있느냐며 짜증을 내거나, 겨우 무릎 정도의 깊이 때문에 겁을 먹느냐고 놀릴 수도 있다. 하지만 삶이라는 것은 그리 녹록치 않다. 순탄해 보이면서도 어느 순간 몰아치는 물살로 우리를 집어삼킬지 모를 일이다. 이러한 삶의 위험 속에서 시련은 우리를 지탱해 주는 묵직한 돌과 같다.

시련에 겁먹지 마라. 산을 오를 때를 기억해 보라. 처음부터 높은 산을 오른다는 것은 불가능하지만 동네 뒷산부터 시작해 점차 수위를 높여가며 자신을 다스려나가면 나중엔 험하고 높은 산이라도 오를 수 있는 자신감을 가지게 된다. 산에 걸려 넘어졌다는 사람을 본 적이 있는가. 우리들을 넘어지게 하는 건 작은 돌부리다. 작은 돌부리에 걸려 넘어질 것을 두려워 해 주저하고 있지는 않은가.

추녀 끝에 걸어 놓은 풍경은 바람이 불지 않으면 소리가 나지 않는다. 태풍이 없으면 바다는 오염 물질을 걸러내지 못해 살지 못한다. 큰 도전을 앞두고 시련을 두려워하는 것은 공상만 가득한 소인배일 뿐이다. 목표가 분명한 영웅은 시련을 두려워하지 않는다. 영웅이 되느냐, 마느냐의 성패는 시련을 얼마나 잘 이겨내는지에 달려있다. 큰 시련에 직면했다면 그것을 극복했을 때 더 큰 성공을 거둘 기회가 기다리고 있음을 기억하라.

4장

Step 4. 모방하라, 철저히 모방하라

'그는 37세의 생일날 세상을 떠났다. 그는 르네상스 시대의 대표적 화가 중 한 사람이다. 그는 모방의 천재였다.' 바로 수많은 명작으로 많은 사람들의 사랑을 받고 있는 라파엘로 이야기다. 그의 그림 중에는 특히 모나리자의 구도와 비슷한 그림들이 많다. 자신이 매우 존경했던 레오나르도 다 빈치의 그림을 모방했기 때문이다. 당시에는 다른 작가의 유명한 그림을 도입하여 그리는 행위를 두고 그 작가에 대해 조예가 깊은 화가라고 여겼다. 하지만 라파엘로는 다빈치의 그림을 그저 따라한 것이 아니다. 구성은 모방하되 자신만의 기법을 살려 라파엘로만의 그림을 창조해 냈다. 그리고 지금까지도 세계인들의 사랑을 받는 화가로 이름을 떨치고 있다.

자신의 영웅이 가지고 있는 장점을 배우고 이를 더욱 발전적인 방향으로 이끌고 나가 비로소 능가하는 것은 바람직한 모방의 예라 할 수 있다. 대부분의 사람들은 '모방'을 좋지 않은 뜻으로 받아들인다. 하지만 여기서 말하는 모방은 단순히 '따라하기'를 뜻하지 않는다. 영웅에게서 자신을 좀 더 창의적이고 모범적으로 이끌어 줄 수 있는 요소를 '빌려오기'를 통해 내 것으로 만든 다음, 더욱 발전시켜 영웅보다 '앞서가기'를 이루는 데 그 목적이 있다.

지속적인 성장의 발판

유난히도 삶의 시련이 많았던 신지애에게 항상 힘이 되어 준 것은 그녀의 가족과 영웅 '박세리'였다. 신지애는 박세리가 LPGA를 평정하고 돈과 명예를 움켜쥐는 모습을 보면서 항상 그 자리에 서 있는 자신을 상상했다. 그래서일까? 신지애의 행보는 박세리와 많이 닮아 있다.

박세리가 '맨발의 투혼'으로 온 나라를 떠들썩하게 했던 해는 1998년. 당시 21세였던 박세리가 미국 LPGA 투어 루키로 US여자오픈에서 우승하면서 우리나라에는 많은 '박세리 키즈'가 생겼다. 신지애도 그 중 한 명이다. 1977년생인 박세리보다 11살 아래인 88년생 신지애는 2009년 미국 LPGA 투어 루키가 됐다. 국내 골프계에 센세이션을 일으킨 두 선수는 21세의 나이에 미국 투어에 본격 도전장을 던진 공통점이 있다.

신지애는 첫 LPGA 무대를 박세리보다 한 살 어린 18세에 맛보았다. 박세리는 LPGA 투어 Q스쿨에서 공동 수석으로 등장했지만 신지애는 입학시험 없이 스카우트되었다. 신지애는 KLPGA 투어를 비롯해 JLPGA, 미국 LPGA, 유럽여자프로골프투어LET 등 모든 투어에서 Q스쿨을 거치지 않고 카드를 땄다.

누군가는 '신지애가 박세리보다 성공적인 길을 걷고 있는 것이 아닌가' 반문할 수도 있다. 하지만 '영웅 박세리'를 향한 신지애의 도전은 현재 진행형이다. 박세리는 지난 2007년 명예의 전당에 입성했다. 명예의 전당에 가입하기 위해서는 첫째, 실질적인 투어생활을 10년 이상 해야 하고 둘째, 메이저대회에서 1승(시즌 최소타나 올해의 선수상으로 대체 가능) 이상 기록해야 하며 셋째, 기준 포인트 27점을 획득해야 하므로 완벽한 자기 관리와 상위권 성적을 유지하지 않고서는 불가능한 업적이다. 그래서 2005년 데뷔한 신지애에게 박세리를 향한 길은 여전히 멀고 멀다. 하지만 지금껏 그래왔듯 그녀는 가슴 속에서 '영웅 박세리' 놓지 않겠다고 다짐한다. 신지애는 앞으로도 세상에서 박세리와 가장 비슷한 삶을 살아갈 것이다. 그리고 결국에는 박세리를 뛰어넘는 것이 그녀의 최종 목표다.

더 나은 가능성을 찾기 위해 '모방'을 하는 것이라면 한 생명보험사의 텔레마케팅TM영업 부문에서 설계사로 일하고 있는 박희숙, 박영숙 자매는 그 표본이라 할 수 있겠다. 이들의 연간 보험 판매 실적은 각각 1,000건 이상이다. 그리고 이들은 억대의 연봉을 받고 있다. 자매는 서로 치열한 경쟁 관계에 있는 것이 사실이지만 동시에 서로의 장점을 나누고 단점은 보완해 가면서 좋은 친구로서 함께 큰 성공을 거두었다.

보험업계에 먼저 발을 디딘 것은 언니 박희숙이다. 일반 회사에 근무하다가 지난 2003년 지인의 권유로 보험업계에 뛰어들었다. 그리고 8개월 뒤 동생 박영숙은 언니의 권유로 입사했다.

박희숙은 보험 상품을 팔 때 수식어를 풍부하게 섞어 말하면 효과가 있다는 사실을 발견하고, 살아있는 표현을 하기 위해 생생한 문구 개발에 노력했다. 예를 들자면, 상품 설명을 할 때 '어린이의 각종 위험을 보장한다'고 메마른 설명을 하는 것보다 "예쁘고 어린 자녀분의 미래 위험을 빈틈없이 몽땅 보장한다"고 말하면 대부분의 고객이 솔깃해 한다는 얘기다. 그녀는 표현력을 듬뿍 담은 보험 세일즈 문구를 만들어서 노트에 적어 놓고, 밤마다 읽는 연습을 했다. 하지만 전라도 사투리를 쓰는지라 억센 억양을 고치는 데 많은 시간이 필요했다. 매일같이 볼펜을 입에 물고 스크립터(판매화법 대본)를 녹음까지 해 가며 정독하는 훈련을 반복했다. 휴식시간이나 업무시간 외에도 그 노력을 멈추지 않았다. 그리고 이런 치열한 준비 끝에 입사 1년 만에 그녀는 TM 영업 대상을 차지하는 놀라운 성과를 거두었다.

언니의 성공을 바로 옆에서 지켜본 동생 박영숙은 언니를 철저하게 따라하기로 결심했다. 언니의 말투, 태도, 생각들을 그대로 따라하는 것은 물론 '더 잘하기 위해' 노력했고 TM영업 대상 2연패를 달성한 언니의 뒤를 이어 마침내 박영숙은 2007년부터 2009년까지 3년간 대상 자리에 올랐다. 언니의 성공을 따라한 동생이 결국은 언니를 뛰어넘는 성공을 이루어냈다.

자신보다 뛰어난 사람을 모방하면서 배가의 노력을 다해 그를 능가하는 결과를 낳는 것은 비단 사람에게 국한된 것은 아니다.

미국과 독일간의 무기 개발 또한 '따라하고 더하기'를 반복하며 기술력을 높여갔다. 전쟁은 치열한 전략과 이념뿐 아니라 보다 강력하고 보다 앞선 첨단기술을 탑재한 무기들의 전쟁터이기도 하다. 그래서 무엇보다 상대의 전력을 탐색하고 이에 대한 대응책을 마련하는 것이 중요하다. 2차 세계대전이 한참인 1943년 어느 날 독일군의 상징인 전차가 보병에게 참패를 당하는 일이 발생했다. 원인은 미군의 '바주카'로 알려진 'M1A1' 때문. 독일군은 북아프리카와 동부전선에서 바주카포의 공격을 받으면서 고전했다. 이에 독일군은 바주카포를 노획하여 '판저 슈렉'을 개발하기에 이르렀다. 주력 대전차 무기인 37mm 대전차포보다도 가격이 싸고 성능도 우수했다. 성능 개선 보다 생산성 향상에 초점을 둔 미군이 M9을 들고 나왔지만 M1A1나 M9이나 둘 다 구경은 60mm, 반면 독일군의 판저 슈렉은 88mm로 위력이 강화되어 바주카포를 압도하는 무기로 등장했다. 이에 질세라 미군도 판저 슈렉을 노획해 M20 '수퍼 바주카'를 만들었다. 89mm 구경으로 기존의 M9 바주카보다 더욱 강화된 위력을 선보였다.

미군이 바주카를 만들었지만, 독일군이 이를 모방하여 판저 슈렉을 만들었고, 또다시 미군은 판저 슈렉을 모방하여 슈퍼 바주카를 만들었다. 자신의 것보다 월등한 위력을 지닌 상대의 무기를 연구해 보다 더 나은 무기를 세상에 내놓음으로써 전쟁에서 승리를 잡고자 함이었다.

나보다 뛰어난 대상의 장점을 취하면 실패의 확률을 줄여 시간과 비용 등의 요소들을 절약할 수 있다. 컴퓨터의 기능을 익히기 위해 사용

설명서를 몇 시간씩 읽어가며 혼자 하는 것 보다는 컴퓨터를 잘 다루는 사람을 따라 직접 조작해 보는 것이 시간과 노력을 훨씬 더 줄일 수 있는 것과 같은 이치다.

영웅을 모방하다가 영웅과 경쟁하다보면 영웅을 능가하게 된다. 세계 골프 챔피언을 꿈꾸는 신지애에게 박세리는 앞서간 선배 이상의 의미가 있으며, 뒤늦게 동종업계에 뛰어든 동생 박영숙에게 판매 실적 1위를 기록한 언니 박희숙 만큼 좋은 롤모델은 없었다. 동생은 자신이 목표하는 위치에 도달해 있는 언니의 모든 습관들을 따라하면서 자신이 투자해야 할 시간을 절약했고 시행착오를 피해갈 수 있었다. 미국의 슈퍼 바주카도 바주카를 해체하고 만든 판저 슈렉이 없었다면 세상에 태어나지 않았다. 실수를 보다 쉽게 줄이며 영웅을 따라잡을 수 있는 모방은 꽤 편리하며 실용적이다. 그러나 모방이 단순한 '베끼기'로 그치지 않으려면 지속적인 성장은 필수이다.

'따라 하기'에서 '앞서 가기'로

모방은 시장에서도 가장 효율적인 적응 방식으로 꼽힌다. 하나의 제품이 히트하면 바로 모방 제품들이 줄줄이 출시되는 것도 그 이유이다. 일단 시장에서 '통한' 제품이기 때문에 일정한 수익을 기대할 수 있고 트렌드에 뒤처지지 않을 수 있다. 특히 후발주자일수록 시장의 판도를 뒤바꿀 만한 마땅한 제품과 기술력이 없다면 시장에 안정적으로 정착하기 위한 모방경영은 불가피하다고 볼 수 있다.

아리스토텔레스는 "예술은 자연의 모방이다."라고 말했다. 자연을 보고 영감을 떠올려 새롭게 창조한다는 의미다. 창조적인 모방은 예술뿐만 아니라 과학기술에서도 많이 볼 수 있다. 자신보다 뛰어난 능력을 가진 대상이나 진화의 롤모델으로부터의 모방은 또 하나의 창조성을 발휘할 수 있는 기회가 된다. 오랜 세월동안 진화하며 자연에서 살아남은 생명체의 특정한 능력을 모방한 생체모방공학Biomimetics이 그 훌륭한 예라 할 수 있다. 파리를 관찰하여 초소형 비행관찰로봇을 만들고, 도마뱀붙이 발바닥에서 초강력 접착제가 탄생한 것은 단순한 '따라하기'로는 불가능하다.

월마트의 창업자 샘 월튼은 자서전에서 "내가 한 대부분은 남이 한 일을 모방한 것이었다."라고 밝혔다. 보다 싼 가격으로 중소도시의 상권을 장악하며 급성장함으로써 대표적인 혁신 기업으로 언급되는 월마트의 창업자 말이라고 하기엔 좀 뜻밖이다. 하지만 실제로 월튼이 백화점과 슈퍼마켓을 결합한 하이퍼마켓을 미국에 오픈한 것은 브라질의 한 업체를 모방한 결과다. 또한 그는 녹음기를 들고 다른 할인점 최고경영자CEO들을 만나서 그들의 장점을 기록하고 배우며 자신의 회사에 적용하는 것을 주저하지 않았다.

그렇다고 월마트가 단순히 '베끼기'로 성공한 것은 아니다. 모방에 점진적인 혁신을 합성해 경쟁자들을 앞섰다. 그래서 그는 모방가Imitator와 혁신가Innovator의 합성어인 '이모베이터Imovator'라고 불리기도 한다.

최고의 CEO로 존경받는 애플사의 스티브 잡스의 인생은 참으로 파란만장하다. 마치 '한 때 날리던' 영화배우가 급작스럽게 추락하고 다시 극적으로 재기에 성공하는 모습을 보는 듯하다. 원래 애플은 세계 최초로 퍼스널컴퓨터를 만들어 낸 회사다. 지금은 아이팟이나 아이폰으로 유명한 디지털 기업으로 알려져 있지만 말이다.

실리콘 밸리의 수많은 탄생 신화와 다를 것 없이 밑바닥부터 시작한 애플은 탁월한 기술로 사람들의 관심을 받았다. 하지만 애플의 컴퓨터는 IBM 컴퓨터와의 다툼에서 점차 그 자리를 잃어갔다. 기업뿐 아니라 어떤 조직이든 마찬가지겠지만 애플의 추락에도 희생양이 필요했다. 결국 애플의 창업자인 스티브 잡스가 이에 대한 책임을 지고 물러났다.

하지만 스티브 잡스가 떠난 이후에도 애플은 좀처럼 나아질 기미를 보이지 않았다. 결국 애플은 스티븐 잡스를 다시 불러들였다. 이미 여기저기 구멍이 뚫려 언제 가라앉을지 알 수 없는 배의 선장으로 말이다. 새로운 선장은 당장 회생의 돌파구를 마련해야 했다. 애플에게 더 이상의 신화는 없었다. 스티브 잡스의 선택은 MP3 플레이어였다. 젊은이들이 가장 애용하는 제품 중 하나였고 가격도 저렴한 데다 음악이라는 문화적 요소가 결합된 MP3 플레이어는 이미 시장성이 충분히 검증된 제품이었다.

애플은 기술적 경쟁이 아닌 전혀 다른 패러다임을 구축하기로 했다. 바로 모방을 통한 독창성의 구현이다. 기능적인 측면에서는 음악을 들을 수 있다는 가장 기본적인 욕구를 충족시키면서도 새로운 컨셉트와 디자인으로 감성적인 마케팅을 한다는 것이 애플의 새로운 전략이었다. 그렇게 해서 탄생한 것이 바로 아이팟iPod이다. 아이팟은 넓은 두께의 얇은 디스플레이 화면과 휠wheel을 통한 조작 방식, 애플만의 심플한 디자인으로 출시와 함께 단번에 사람들의 시선을 사로잡으며 젊은 사람들이 추구하는 문화의 아이콘으로 자리 잡을 수 있었다. 애플은 지나간 실리콘밸리의 신화가 아니라 21세기 문화의 상징으로 거듭났다.

애플의 아이팟은 분명 기존의 MP3 플레이어를 모방해 만든 제품이다. 하지만 애플은 다른 사람들이 생각지 못한 새로운 패러다임으로 아이팟이라는 특별한 아이콘을 만들어내는 데 성공했다. 그리고 기존의 MP3 플레이어 시장의 흐름을 확 바꾸어 놓았다. 기존의 선두주자들조차 아류작을 만들 수밖에 없을 만큼 대성공을 거두었다. 대부분의 업체들이 기술을 '베끼고' 값싼 제품을 만들어 대량판매하는 방식으로 접근한 것과 대조적인 방법이었다. 혁신적인 모방이 새로운 가치를 탄생시켰다.

혁신적인 모방으로 새로운 가치를 탄생시키는 일은 대부분의 산업에서 후발주자였던 우리나라 기업들이 선택할 수 있는 최선의 방법이기도 했다. 물론 기술력이 낮은 만큼 그 시작은 단순한 모방에서 시작됐다. 1960년대 우리의 자동차 생산은 외국으로부터 부품을 수입하거나 기술이전을 통해 조립하는 수준에 불과했다. 현대자동차도 초기에는 자동차의 핵심부품인 엔진의 경우 자체기술이 없어 일본 미쓰비시에서 기술을 이전받아 로열티를 지불했다. 1980년대 중반, 비록 조립식 공정이지만 원가 경쟁력과 내수 시장의 활성화로 성공 가도를 달리고 있던 현대자동차는 중요한 결정을 내렸다. 계속해서 다른 나라로부터 기술을 이전받아서는 글로벌 시장에서 살아남을 수 없을 것이라는 판단 아래 독자 엔진을 개발하기로 했다.

그러자 당시 미쓰비시의 쿠보 회장이 직접 현대자동차 본사를 2번이나 방문했다. 엔진을 개발해도 실패할 게 뻔하니 아예 시도도 하지 말라는 발언은 물론 마북리 엔진연구소를 폐쇄하면 로열티를 절반으로 깎아주겠다고 유혹했다. 하지만 더 이상 남의 것을 베끼는 것으로 만족할 순 없었다. 생산 노하우를 바탕으로 연구에 매진한 결과, 1991년 드디어 현대자동차는 한국 최초의 독자엔진인 알파엔진을 개발해냈다. 그 이후 지속적인 기술 개선으로 오늘날 현대자동차는 선진 기업들에게 로열티를 받고 기술을 이전하는 위치에 올라섰다.

남들이 이미 만들어놓은 것을 가지고 생산 이익을 얻는 것은 안전성 면에서는 기업에게 훨씬 수월한 일이었는지 모른다. 하지만 시장의 선도자가 되고자 했기에 모방에서 그치지 않고 과감한 투자를 통해 이전의 것을 뛰어넘는 새로운 표준을 획득했다.

이는 철강업체의 상징이라 할 수 있는 '용광로'를 없애는 파격적인 공법을 개발한 포스코의 꿈과 일맥상통한다. 철강업계의 후발주자였던 포스코는 지난 1973년 해외 선진기술을 들여와 주요 조업기술을 확보할 수밖에 없었다. 하지만 포스코의 성공적 가동에 의도적으로 기술 이전을 기피하는 현상이 발생하자 자체 개발에 착수했다. 그렇게 20년간 노하우를 쌓았지만 이것들도 기존의 선진기술을 개량하는 수준이라 늘 고유 기술개발에 대한 갈망이 있었다. 2004년 드디어 포스코는 지난 수십 년간 세계 굴지의 철강업체들이 도전했지만 상용화 하지 못한 '파이넥스 공법(고난도의 차세대 제철기술)'을 개발해냈다. 기존

용광로 공정의 다단계 제조과정을 대폭 줄이고 고효율, 친환경 프로세스를 도입함으로써 투자비와 제조원가도 줄이는, 철강산업의 일반적 기술패러다임 자체를 바꾼 일대 변혁이었다. 그러나 무엇보다 중요한 것은 후발주자로 선진업체들의 기술을 모방하면서 그들의 눈치를 봐야하는 입장이었던 포스코가 모방을 넘어서 신기술공법을 개발, 그들 위에 서게 됐다는 점이다.

제품 개발면에서 '모방'을 한다면 그것은 상품 자체를 베끼는 게 아니라 비용을 줄이고 효율성을 높일 수 있는 시스템을 발굴하려는 노력이다. '철저한 모방'은 남의 것을 베끼는 데 그치지 않고, 자신의 것으로 소화해 더욱 발전시킨다는 점에서 단순한 표절과는 다르다. 모방을 통해 우리는 새로운 지식을 알고 그것을 바탕으로 발전해 나간다. 모방을 기반으로 하되 결국에는 그것에서 당신만의 것을 찾아가는 작업이 필요하다.

모방 속에 숨어 있는 창조

혁신적인 모방은 최초가 아닌 것을 새로운 창조물로 탄생시켜 최초로 기억되게 만들기도 한다. 친환경이 대세인 요즘 100년이 걸려도 썩지 않는 일회용 기저귀에 대해 말이 많다. 하지만 아기를 키워본 사람은 안다. 환경을 염려하면서도 쓸 수밖에 없는 이유를. 이토록 편리한 일회용 기저귀는 어떻게 해서 세상에 나왔을까.

최초의 일회용 기저귀는 P&G의 '팸퍼스'로 알려져 있다. 일회용 기저귀를 시장이라 부를 수 있을 만큼 대중화를 이룬 것도 P&G이다. 하지만 사실 일회용 기저귀라는 제품 자체는 존슨앤드존슨의 계열사인 치커피 밀즈에 의해 처음 만들어졌다. 하지만 최초라는 이름만 있을 뿐 일회용 기저귀 척스는 제품력이나 가격면에서 어느 것 하나 사람들을 만족시키지 못했다. 그저 장거리 여행과 같은 특수한 경우에만 어쩔 수 없이 사용하는 대용품일 뿐이었고 시장점유율도 1%에 불과했다.

그러나 P&G는 달랐다. 존슨앤드존슨의 척스를 바탕으로 광범위한 연구개발 노력 끝에 이보다 품질이 뛰어나면서도 가격이 저렴한 제품을 출시하는 데 성공했다. 일회용 기저귀라는 제품에 대한 기본적인 아이디어는 모방하되 훨씬 높은 수준의 제품을 만들어 두 번째로 탄생한 제품이지만 최초로 기억되는 사례가 되었다.

업종이 다른, 자동차와 항공기업체 간의 '상호 학습'은 새삼스런 현상이 아니다. 업종과 기업규모를 가리지 않고 좋은 시스템을 발굴해 모방하고, 이를 통해 생산성을 향상시키는 '모방을 통한 혁신'은 광범위하게 진행되고 있다.

세계 최대 알루미늄 생산업체인 알코아의 '작업 중 사고 방지 프로그램'은 미국 병원들로 전파됐다. 병원들은 모든 사고를 실시간으로 보고해 사고원인을 철저히 조사하는 알코아 시스템을 도입해 병원 내 감염 등 한 번 발생한 의료사고의 재발을 막고 있다.

조선造船업체는 선박 엔진의 추진력을 높이기 위해 항공사 엔진 제조업체를 벤치마킹하고 있다. 또 자동차 딜러가 서비스 수준을 높이기 위해 메리어트 등 특급호텔의 서비스교육 프로그램을 배우고, 병원이 환자 안전을 강화하기 위해 핵발전소의 안전규정이나 해군의 훈련규정을 참조하고 있다.

스위스 군軍은 루체른 호수 근처의 군부대에서 1,245달러의 수업료를 받고 경영인들을 대상으로 의사결정과 통솔력 등 군대식 리더십 프로그램을 교육하고 있다.

또한 영국의 기계기술자 제임스 와트는 이렇게 밝혔다. "여러분은 저를 위대한 발명가라 추켜세우시지만 사실 제 발명은 전혀 새로운 것이 아닙니다. 제 증기기관은 뉴커먼의 것을 약간 개조한 것에 지나지 않습니다."이와 같이 그의 최초의 증기기관차 발명은 영국의 기계발명가인 뉴커먼의 업적에 새로운 부분을 가미한 것뿐이었다.

다른 업종 간의 모방이 쉽게 일어날 수 있는 것은 서로 같은 시장을 놓고 싸우는 경쟁자가 아니라 경계심을 품지 않기에 가능하다. 바이엘 · BP · IBM · GE 등 글로벌 기업들은 아예 모방을 상시화하자는 취지에서 서로를 지속적으로 배우기 위한 '글로벌 리더십 · 기술 교환'이라는 컨소시엄을 만들었다. 모방이 일회성으로 끝나지 않도록 하기 위한 것으로, 각자가 갖고 있는 핵심 역량에 서로의 장점을 더하자는 취지에서다. 이들 기업들은 컨소시엄을 통해 세계 최고 효율의 연료전지 개발과 같은 대규모 기반기술을 공동으로 연구하고 있다.

애초에 무엇을 어떻게 하려고 했는지 잊고 현재에 만족하게 될 경우 그것은 단순히 남의 삶을 훔쳐 사는 것에 지나지 않는다. 당신에게 이루고자 하는 확실한 목표가 있다면 당신은 모방을 통해 또 다른 창조

의 길을 발견해야 한다. 여러 가능성을 열어놓고 당신만의 방법으로
롤모델을 향해 달려가는 순간, 당신은 그 끝에서 당신 안의 영웅을 만
나게 될 것이요, 그는 또 다시 누군가의 롤모델로 존재하게 된다.

냉이꽃 한 송이도 제 속에서 거듭납니다

제 속에서 거듭난 것들이 모여

논둑 밭둑 비로소 따뜻하게 합니다

참나무 어린 잎 하나도 제 속에서 거듭납니다

제 속에서 저를 이기고 거듭난 것들이 모여

차령 산맥 밑에서 끝까지 봄이게 합니다

_ 도종환 〈냉이꽃 한 송이도 제 속에서 거듭납니다〉 중에서

스스로 거듭나고 거듭난다면 당신의 삶 시작에서 끝까지 봄으로 뒤
덮을 수 있다. 하지만 이 거듭남이 말처럼 쉬운 것은 아니다. 우리가
영웅이 되기 위해서는 철저하게 거듭날 필요가 있다. 겉으로 보이는
것만을 따라해서는 진정 영웅의 모든 것을 닮아간다고 말할 수 없다.
사소한 듯 보이는 습관들과 눈에 보이지 않는 마인드 속에 숨어 있는
성공의 비결을 찾아내야 한다. 최대한 철저하게 영웅에 대해 분석하고
작은 것까지도 모방하며 자신을 새롭게 해야 한다. 이것이 바로 철저
한 모방의 핵심이다. 당신은 좀 더 빠른 시간 안에 영웅과 비슷한 경지
에 오를 수 있다. 이제 영웅을 능가하는 진짜 영웅이 될 수 있는지는
당신 하기에 달렸다.

스스로 알을 깨면 한 마리의 병아리가 되지만 남이 깨주면 달걀부침이 된다. 모방도 마찬가지다. 냉이꽃 한 송이처럼, 참나무 어린 잎 하나처럼 자신을 깨고 나오기 위해서는 스스로의 피나는 노력이 절실하다. 모방은 단지 기존의 방식이나 행위를 가능한 한 빨리 익힘으로써 불필요한 힘을 낭비하지 않기 위한 필요조건이지, 단순히 지름길을 찾아 편히 돌아가서 당신이 원하는 대상과 똑같아지기 위한 수단이 아니다.

모방의 다음은 창조와 발전이다. 영웅의 습관과 마인드를 좀 더 창조적으로 발전시키고자 노력하지 않는다면 그것은 영원히 선두주자의 뒤꽁무니만 따라가겠다는 것밖에 되지 않는다. 선두를 따라가되 시선은 항상 그 앞을 내다보며 스스로 진화할 수 있어야 한다. 모방의 진정한 가치는 여기에 있다.

5장

Step 5. 먼저 공격하라

우리말로 뒝벌bumble bee이라고 하는 벌이 있다. 이 벌은 생물학적으로 날 수 없다고 한다. 큰 덩치에 비해 날개가 너무 작기 때문이다. 하지만 뒝벌은 난다. 뒝벌은 꽃을 향해 날아오르기를 원한다. 그 곳에 그들이 꿈꾸는 먹이가 있기 때문이다. 그렇기에 날 수 없는 몸의 구조를 가졌다는 사실 따위가 뒝벌의 비행을 막을 수 없다.

날지 못하는 새의 대표는 닭이다. 생물학자들은 아무리 분석해 봐도 닭이 날지 못하는 이유를 찾을 수 없다고 한다. 닭은 날 수 있는 충분한 조건을 갖추었다. 하지만 닭은 날지 못한다. 땅에 있는 먹이에 만족함으로써 날아오를 필요성을 느끼지 못하는 게 문제다.

당신의 가슴 속에는 어떠한 모습이 있는가. 작은 날개를 수없이 퍼덕여 날아오르기를 원하는 뒝벌인가. 자신에게 있는 날개의 의미를 알지 못한 채 땅을 배회하는 닭인가.

우리는 삶 속에서 너무 쉽게 불가능의 요소를 찾아낸다. '무엇 때문에' 할 수 없을 것이며, '이 정도면 되었다'라는 자기 위안으로 자신에게 날개가 있는지조차 잊고 살아간다. 목표를 성취하기 위해 주먹을 날려 선제공격하는 것은 망상이나 객기라고 생각한다. 하지만 영웅이 되려면 '먼저' 하는 것이 중요하다. 누구도 개척하지 않은 분야에서 '제일'이 되는 것은 그리 어렵지 않다. 이미 많은 영웅이 자리한 곳은 경쟁해야 할 대상이 너무 많다. 힘을 아낄 필요가 있다. 누구도 하지 않은 일에 제일 먼저 나서길 바란다. 그것이 당신을 보다 빠르게, 보다 쉽게 영웅이 되는 길로 인도한다.

공격만이 살 길이다

영웅하면 스포츠 영웅들을 빼놓을 수 없다. 가난하고 배고프던 시절 스포츠 영웅은 여가생활을 넘어서 삶에 지친 국민들에게 즐거움 이상의 활력소였다.

한석규, 송강호가 주연한 영화 〈넘버 3〉에서 송강호가 특유의 과장된 표정과 목소리로 말한다. "예전에 최영의라는 어른이 계셨어. 한번은 그 어른이 황소와 싸움을 벌이셨지. 그 분은 황소를 꼬나보면서 이렇게 말씀하셨지. '이봐. 니가 황소야? 나는 최영의야.' 라며 냅다 황소의 뿔을 내리치셨지."

최영의, 그는 《대야망(그림 고우영)》이라는 만화책을 통해 '최배달'이라는 이름으로 더 많이 알려진 인물로 낙후된 경제생활과 남북 군사 대립 등 우울하고 어렵기만 하던 시절 일본의 최고 무예인으로 등극해 한국인들의 가슴에 자부심을 심어준 영웅이었다. 태권도로 세계의 고수들을 때려눕히는 한국인의 이야기에 많은 사람들이 대리만족을 느꼈다. 남자아이들이라면 누구나 태권도를 배우게 해달라고 부모님께 떼를 쓰기도 했다.

최영의는 학창 시절 일본으로 건너가 가라테에 입문했다. 전 일본 공수도대회에서 우승한 후 전국을 돌며 내로라하는 고수들을 쓰러뜨리고, 일본 최강이 된 후에는 세계를 돌며 갖가지 무예의 고수들과 싸웠다. 당시 일본 가라테 계係에서는 최영의의 무술이 진정한 무술이 아닌 싸움을 위한 무술이라고 폄하하며 그를 일본 가라테 계에서 영구 제명시켰다. 이에 최영의는 독자적으로 '극진極眞 가라테'라는 무술을 창시했다. 최영의는 실전 무술을 주창하며 사나운 맹수와도 목숨을 걸고 맞붙었고, 이를 통해 익힌 다양한 기술을 극진 가라테에 적용했다.

1994년 세상을 등진 그가 세 아들에게 늘 했던 말이 있다. "세상을 살 때 가장 중요한 것은 목숨을 거는 일이다. 네가 하려는 일에 목숨을 바쳐라." 모든 것을 다 걸었던 투지야말로 최영의가 일본 무예계를 평정하고 세계적인 무술가로 서게 한 원동력이었다.

그런가 하면 아직도 뜨거운 승부의 주인공으로 회자되고 있는 선수가 있다. 지난 1977년 파나마에서 열린 WBA 주니어페더급 챔피언결정전에서 승리, 챔피언으로 등극한 홍수환. 그는 파나마의 카라스키야

선수에게 2회에 네 번이나 다운을 당하고도 3회에 통쾌한 KO승을 거두며 '4전 5기'의 신화를 만들었다.

링에 네 번째 쓰러졌을 때 어떻게 다시 일어날 수 있었느냐는 질문에 그는 "아프다는 것을 알았으니 일어나지 않았겠느냐. 아픈 것을 안다는 것은 이길 능력이 있다는 의미"라고 말했다. 아프지 않기 위해서는 일어나 상대를 쓰러뜨릴 수밖에 없다.

그가 항상 강조하는 것은 자신감과 도전정신이다. '4전 5기'를 단순히 사전적으로 해석하기 보다는 철저한 사전事前 준비로 자신감을 키우고, 실전에서는 모든 것을 걸고 오기傲氣로 덤비라는 뜻으로 풀어 보면 어떨까. 챔피언 결정전 당시 홍수환의 승리를 점치는 사람은 아무도 없었다. 하지만 그는 단 한 번도 진다는 생각을 하지 않았다. 샌드백이 'ㄱ'자로 꺾일 정도로 열심히 연습하면서 '나는 반드시 이긴다'고 스스로를 무장해오지 않았던가. 아무리 힘든 경기라 할지라도 그는 물러서지 않았다. '땡'하는 시작벨이 울리자마자 미친 듯이 그라운드에 몰입했다. 설사 상대선수의 주먹에 다운을 당한다 해도 다시 일어서 공격을 멈추지 않았다. 공격이 최선의 방어라는 사실을 그는 잊지 않았다. 인생도 마찬가지다. 우리가 패배자로 남지 않기 원한다면 계속해서 공격을 해야 한다. 공격을 두려워하는 자는 KO패 당할 수밖에 없다.

공격의 중요성을 강조하기로는 차범근을 따라올 자가 있을까? 분데스리가 역대 최고의 외국인 선수 3위에 올랐던 그는 10년 간 분데스리가에서 활약하며 두 번의 UEFA컵 우승과 한 번의 DFB 포칼컵 우승을 견인했다. 분데스리가에서만 98골을 성공시키며 지오바니 에우베르(브라질, 256경기 133골), 슈테판 사퓌자(스위스, 228경기 106골)에 이어 외국인 선수 최다 골 기록을 보유하고 있다.

독일 시민권을 제의 받았을 정도로 뛰어난 활약을 펼쳤던 차범근은 독일 국가대표팀의 미드필더인 미하엘 발락이 "차붐은 나이 우상이었다."라고 말할 정도였다. 10년 간의 분데스리가 선수생활 중 선발로 출장하지 못한 경기는 두 번, 중간에 교체되어 나온 경우는 딱 한 번이다. 이는 팀에서의 그의 입지와 더불어 자기관리가 얼마나 철저했는지 입증한다. 차범근은 언제나 "스트라이커는 골 욕심이 없으면 안 된다."고 말한다. 이런 차범근의 축구관을 잘 보여주는 경기가 있다.

우리나라에서 개최됐던 1976년 박스컵 말레이시아전에서의 일이다. 당시 한국대표팀은 직전 메르데카컵에서 말레이시아에게 패배한 전적이 있었다. 서울에서 펼치는 설욕전이니만큼 물러설 수는 없었다. 그러나 한국은 전반전에만 세 골을 내 주며 말레이시아에 끌려가는 경기를 했다. 후반 종료 7분 전까지의 점수는 1대 4. 한국의 패배가 확실했다. 그 때 차범근의 승부근성이 빛을 발휘해 남은 7분 동안 혼자 세 골을 넣으며 한국의 영웅이 됐다. 아쉽게도 당시 녹화 필름이 사라졌다고 한다. 그 때 그 모습을 다시 볼 수는 없지만 그 때문에 오히려 차범근의 분전은 한국 축구사에서 신화가 됐다.

어느 일간지 칼럼에서 차범근은 이렇게 말했다. "본인도 분데스리가에서 뛰는 축구선수이면서 베컴의 자서전을 머리맡에 놓고 잠들거나 지단의 사인이 쓰여진 공을 받고 즐거워하는 것은 여전히 이해하기 힘들다. 나는 그러지 않았다. 상대가 아무리 대단한 선수였어도 나에게는 한 번 붙어 보고 싶은 경쟁자일 뿐이었다." 공격을 두려워하지 않는 최고의 공격수, 그는 진정한 영웅이었다. 신이 내린 축구 천재 펠레도 차범근과 비슷한 말을 했다. "축구의 목적은 점수를 내는 것이다. 수비만 해서는 이길 수 없다. 수비의 최고의 결과는 지지 않는 것이지만 지지 않는 것이 이기는 것은 아니다." '공격'이라 함은 일단 그 단어 자체에 많은 장애와 위험을 포함하고 있는 것이 사실이다. 하지만 펠레의 말처럼 있는 것을 지키려고만 한다면 우리는 더 이상 아무것도 얻을 수 없다.

유럽의 한 농구대회에서는 그 이전에도 앞으로도 쉽게 볼 수 없는 장면이 연출되었다. 불가리아팀과 체코팀 간의 경기에서 있었던 일이다. 당시 경기는 종료를 8초 앞두고 있었는데 불가리아팀은 체코팀에 2점을 앞서고 있었을 뿐 아니라 공을 장악하고 있어서 승리가 눈앞에 있는 듯 보였다. 그러나 실상은 그렇지 않았다. 이 토너먼트 경기대회가 채택하고 있는 순환제 규정에 따라 양팀이 획득한 누적점수를 계산한 결과 불가리아팀은 5점 이상으로 체코팀을 이겨야만 비로소 다음 결선경기에 진출할 수 있는 상황이었다. 남은 8초 동안 3점을 획득한다는 것은 이론상으로는 가능한 일일지 모르나 실전에선 그리 쉽지 않은 일이었다. 관중들도 이미 불가리아팀의 탈락을 기정사실로 여기고 경기가 종료되기만을 기다리고 있었다.

이때 불가리아팀 감독이 작전타임을 요구했다. 관중들은 불가리아팀이 지푸라기라도 잡는 심정으로 가지는 여유라고 여기며 가소롭게 생각했다. 8초의 짧은 시간으로는 결과를 뒤집을 수 없다고 생각했기 때문이다. 설사 불가리아팀의 슛이 성공하여 어렵사리 2점을 추가하더라도 불가리아팀은 단지 4점을 앞서게 될 뿐, 결선 진출의 꿈은 이룰 수 없는 일이었다. 더구나 체코팀이 반칙을 범하지 않는 한, 공격권은 체코팀에게 넘어가기 때문에 다시 불가리아팀에게 어떤 득점의 기회가 있으리라는 희망은 없었다.

드디어 작전타임이 끝나고 경기가 재개되었을 때 공을 든 불가리아팀 선수가 상대편이 아닌 자기편 골네트로 돌진했다. 그리고 골밑에서 슛을 날려 골인시켜 버렸다. 관중들은 순간적으로 넋을 잃고 그 광경을 응시했다. 축구의 자살골도 아니고 이게 무슨 일이란 말인가. 불가리아팀에서 반란이 일어난 것인가. 어찌되었든 이 골로 양 팀이 동점을 기록하자 심판은 연장전을 선포했다. 비로소 관중들은 웅성이기 시작했다. 불가리아팀이 취한 비밀 회생작전의 전말을 알아차렸다. 잠시 후 열린 연장전에서 불가리아팀은 6점 차이로 경기를 이겨 체코팀을 누르고 마침내 결승전에 진출할 수 있었다. 이렇듯 공격적인 모험을 두려워하지 않는 투지와 과감한 결단이 특별한 승리를 만들었다.

영웅이 되기 위해서는 가장 먼저 작은 것에 만족하는 '소심함'으로 가득 찬 스스로와 싸워야 한다. 그리고 어떤 상황에서든 "그래, 올 테면 와 봐."라고 큰 소리 칠 수 있는 '깡'으로 무장해야 한다. 그래야만 당신이 꿈꾸는 곳으로 더 높이 날아오를 수 있다.

나무에 매달린 열매를 먹고 싶다면 먼저 손을 뻗어야 한다. 손조차 뻗지 않는다면 당신은 영원히 그 열매를 먹을 수 없다. 손만 뻗어서 안 된다면 몸을 앞으로 내밀어야 하며, 그래도 되지 않는다면 뛰어 올라야 한다. 뛰어 올라서도 안 된다면 사다리를 이용하든 나무를 타고 올라가든 도전을 멈추지 말아야 한다. 당신이 아무것도 하지 않는다면 어느 순간 다른 사람들이 먼저 그 열매들을 모두 따 가고 만다. 갖고 싶은 것을 쟁취하기 위해서는 누구보다 빠른 공격을 해야 하고, 그래야 성취 가능성도 함께 높아진다.

공격하지 않는 당신은 몽상가에 불과하다. 당신은 인생의 몽상가가 될 것인가. 선취점을 올리는 공격수가 될 것인가.

편견의 벽을 부수다

농구, 배구 등 다른 스포츠와 마찬가지로 야구 또한 신장이 선수들의 경기력에 많은 영향을 미친다. 키 1센티미터 차이로 공을 잡을 수 있는지, 공을 칠 수 있는지가 결정되며 투수가 던지는 공의 묵직함과 빠르기까지도 좌우하기 때문이다. 그래서 해마다 실시되는 프로야구 드래프트에서 고교시절 이름을 날리던 수많은 선수들이 '키' 때문에 순번이 밀리고, 혹은 계약 자체를 하지 못하는 수모를 당한다. 프로야구에서도 분명 속된말로 '루저loser(일반적으로 패자를 뜻함)'는 존재한다.

하지만 이 가운데 우리나라 프로야구에서 '작은 고추가 맵다'라는 말을 확실히 증명하고 있는 선수가 있다. 계약금 3천만 원이라는 헐값에 기아 타이거즈에 입단한 김선빈. '164센티미터'의 꼬꼬마 김선빈은 현재 한국프로야구선수협회에 최단신 선수로 등록되어 있다. 많은 사람들이 2008년 프로야구에서 김선빈을 처음 봤을 때 프로야구 선수로서 너무 작은 키에 놀랐다. 그리고 그 충격은 김선빈의 경기력에 대한 의심으로까지 이어졌다.

사람들의 이런 생각을 읽은 걸까. 데뷔 첫 해 교체 선수로 나오던 김선빈은 출장하는 매 경기마다 순발력과 유연성, 집중력 등을 보여 주며 신인왕 투표 2위까지 이름을 올려놓았다. 사람들의 '키 작은' 선수에 대한 편견을 완전히 뒤집어 놓았다.

하지만 2009년 그는 출중한 후배 선수의 등장으로 다시 주전자리를 잃고 말았다. 교체 선수로 돌아간 그는 그럼에도 불구하고 자신의 자리에서 최선을 다했다. 데뷔 첫 해에 비해 수비력이 안정되고 타격 정확도가 눈에 띄게 좋아지면서 도루성공률 또한 상승했다. 그리고 2010년 팀의 주전 유격수로 자리 잡게 되었다. 상대 투수들을 끈질기게 물어뜯으면서 앞-뒤-양옆으로 구멍이 나버린 팀을 지탱했다. 꼬꼬마 김선빈은 '작은 선수'에 대한 사람들의 편견에 맞서 치열하게 싸웠으며, 결국 기아 타이거즈에서 가장 뜨거운 선수 중 한 명이 되었다.

"35세까지 나는 세상에서 가장 실패한 낙오자였다. 고등학교에서는 퇴학을 당했고, 직장에서는 번번이 쫓겨나 무려 40군데의 일터를 전전했다." 어떤 패배자의 푸념 같지만 이는 '인간 쓰레기'라는 편견을 극복하고 세계 최고의 판매왕으로 기네스북에 12년 연속으로 이름을 올린 조 지라드의 회고다. 어린 시절, "인간 쓰레기!"라는 아버지의 폭언과 매질에 익숙해진 그는 아버지가 늘 했던 말처럼 '교도소에나 갈' 사람처럼 살았다. 결국 도둑질을 하다 소년원 유치장에서 지옥

같은 하룻밤을 지냈고, 직장에 들어가도 번번이 쫓겨났으며, 노름판을 운영하다 경찰에 적발돼 벌금 고지서만 잔뜩 받았고, 마음먹고 시작한 일은 사기당하고 말았다. 고난이 그치지 않았던 그의 인생이 자동차 세일즈를 만나면서 삶의 돌파구를 찾았고, 그는 인생의 뒷골목에서 화려하게 부활해 '제2의 인생'을 열었다.

세일즈맨의 대명사처럼 여겨지고 있는 조 지라드, 그의 성공엔 '250명의 법칙'이 있다. 미국사회에서 한사람의 만남에서 비롯되는 인간관계가 250명이라는 전제 하에 만들어진 법칙이다. 긍정보다는 부정적 의미에서 접근하게 되는 이 법칙대로라면, 매일 한 명에게 잘 못 보이면 250명에게 잘 못 보이게 되고 1년이면 자그만치 9만1,250명이 자신을 바람직하지 못한 사람으로 인식한다는 결론이 나온다. 이 사실은 한 사람을 대하는 태도가 얼마나 중요함을 일깨워주었고, 그는 만나는 한 사람, 한 사람에게 정성을 다하기 시작했다.

그는 단순히 차를 파는 것이 아니라 신뢰를 팔았다. 그 신뢰는 바른 연결고리를 형성했고 그는 인간관계의 달인이 되었다. 세일즈는 물건을 파는 것이 아니라 자신을 파는 것이라는 공격적인 마인드가 세계 자동차 판매왕 조 지라드를 만들었다.

조 지라드가 어린 시절의 불우한 환경이 만들어놓은 편견을 극복했다면 얼마 전 세상을 떠난 故앙드레김은 문화적인 환경을 극복한 대표적인 인물이다. 故앙드레김은 어릴 적부터 미술, 음악, 연극, 문학 등에 빠져 살 만큼 예술에 대한 열정이 보통이 아니었다. 특히 영화에 관심이 많아 배우의 꿈을 키우던 그는 어느 날 영화 〈파리의 연인〉에서 아름다운 의상들을 보고 패션디자이너가 되기로 결심했다. 그리고 1961년 국제복장학원 1기생으로 디자이너 수업을 받고 마침내 1962년 소공동에 '살롱 앙드레'를 열어 국내 최초의 남성 패션디자이너가 됐다.

남자가 무슨 디자이너냐는 편견에 찬 시선들도 있었지만 故앙드레김은 상관하지 않았다. 그리고 영화배우의 꿈을 키우며 봤던 수많은 명화들에서 보고 느낀 감동을 의상 디자인에 담았다. 1966년 패션의 본고장 파리에서 자신의 최초 패션쇼를 가진 뒤 그의 활동영역은 세계 각지로 뻗어나갔다.

그의 무대는 도시의 한 건물에 한정되지 않았다. 세계 최초로 이집트 피라미드와 캄보디아 앙코르와트 사원에서 패션쇼를 열어 세계의 주목을 받았다. 또한 이탈리아 대통령으로부터 문화공로 훈장을 수상한 것을 비롯해 미국 샌프란시스코는 11월 6일을 '앙드레김의 날'로 선포했으며 국내에서도 패션디자이너로서는 최초로 문화훈장을 수상했다.

미국 〈뉴욕타임즈〉와 런던의 〈헤럴드트리뷴〉 등 세계 언론들이 '한국 패션의 영원한 목자' '한국 패션의 선구적 개척자'로 그를 묘사했다. 세상을 독창적으로, 불타는 열정으로 살아온 그에게 넘치지 않는 찬사였다. 물론 시련이 없었던 것은 아니지만 자신만의 패션 스타일을 고수하면서 한국적인 이미지를 세계에 알리고 대중화하는 데 노력했던 그는 유니세프 패션쇼 등 여러 자선 행사를 통해서 나눔에 앞장서기도 했다. 그리고 2010년 8월 폐렴과 대장암이 악화되어 세상을 뜨기 전까지 대중과 가장 가까운 디자이너였다.

유교사상이 팽배해 있던 1960년대에 사람들의 편견에도 굴하지 않고, 예술적 열정을 불태우기에 혼신을 다한 故앙드레김의 도전이 있었기에 오늘날 대한민국의 패션산업이 한 단계 도약할 수 있었다.

일본과 우리나라 사람들의 의식 중 비슷한 점이 있다면 학력에 대한 집착과 편견이다. 오죽하면 세계적인 건축가 안도 다다오가 "일본에서 학력이 없는 사람은 연전연패다. 하지만 계속 싸우다 보면 열에 한 번쯤은 이길 수 있다고 생각했다."고 말했을까.

가난한 가정형편 때문에 대학 진학도 포기하고 프로복서의 길을 걸었지만 차곡차곡 건축에 대한 꿈을 키운 안도 다다오는 세계적 거장의 반열에 올랐다. 30제곱미터(10평)짜리 좁은 땅에 집을 짓는 데서 출발했지만, 지는 걸 두려워하지 않고 꿈을 이루기 위해 노력한 결과 오늘날 누구도 따라올 수 없는 '안도 다다오표 건축'의 아성을 구축했다.

대학 진학을 하지 못한 그는 8년간 미국·유럽·아프리카·아시아를 여행하며 독학으로 건축을 공부했다. 1969년에 자기 이름을 건 건축사무소를 열고 건축가로서의 첫 발을 디뎠으나 학력도 인맥도 없던 그를 찾는 의뢰인은 많지 않았다. 하지만 다다오는 쉬지 않고 설계 프로젝트를 꾸준히 내놓았다. 그리고 결국 실력으로 사람들을 불러모으는 데 성공했다.

대학 교육을 받은 적도 없는 그를 이제 세계의 명문대에서 앞다퉈 초청한다. 1987년엔 예일대학교, 1988년엔 콜롬비아대학교, 1990년엔 하버드대학교 객원교수를 지내기도 했다. 1997년부터는 도쿄대학교 건축과 교수로 재직 중이다.

지난 2001년 다다오는 각종 건축설계 공모전에서 실패한 경험담을 모아 《연전연패》라는 책을 펴냈다. 이 책에서 그가 자주 언급했던 '긴장감'은 '도전' '전진' '공격'과 통하는 개념이다. 프로복서 시절, 다다오의 복싱 전적은 신통치 않았지만 그는 복싱을 통해 긴장감을 갖고 사는 법을 배웠다. 가장 적절한 공격과 방어 타이밍을 찾기 위해 늘 긴장해야 하는 복싱처럼, 건축도 긴장하고 있지 않으면 한순간에 무너지고 만다는 사실을 깨달았다.

안도 다다오는 젊은이들에게 "'직장인 근성'이 생기면 그걸로 끝이다."라고 말한다. 조직의 틀에서 조직에 적합한 인간으로 아무런 도전 없이 살아간다면 내일은 없다는 얘기다. 그는 자신이 하고자 하는 일에 제한을 두지 말고 먼저 제안하고, 도전하고, 사회의 틀을 공격하고 깨뜨린다면 미래가 밝다는 것을 확신했다.

학력의 벽을 뛰어넘어 세계가 인정한 실력자로 자리매김 한 이는 우리 곁에도 있다. 우리나라의 위폐 감식 1인자 서태석. 그는 누구보다도 먼저 제안하고, 도전하기를 두려워하지 않았다. FBI와 USSS(미국 국토방위청 산하 비밀수사국)에서도 인정한 그는 위폐의 정교함이 더해가는 요즘, 단 한 번의 실수도 용납하지 않는 실력자로서 더욱 그 빛을 발하고 있다. 감식해야 하는 화폐가 늘어날 때마다 사진을 찍고 연구하며 자기만의 영역을 구축해온 그를 속일 위폐는 없다.

미7사단KATUSA에서 군복무 당시 경리 업무를 맡았던 서태석은 제대 후 한국외환은행의 문을 두드렸다. 당시만 해도 외화를 취급하는 은행이 없어 군에서의 경력을 활용할 수 있는 곳이라 여겼다. 하지만 학력이 그의 발목을 잡았다. 당시 명문대나 유명 상고 출신만 지원할 수 있는 은행인지라 중학교 중퇴가 전부인 그에겐 입사는 어림없는 일이었다.

우여곡절 끝에 1969년 겨우 은행에 입사하긴 했으나 일용직이었다. 그가 처음 맡은 일은 외환 보조업무. 당시만 해도 지폐보다 쿼터(25센트짜리 미국 동전)를 더 많이 취급했던 이 업무는 명문대나 유명 상고 출신들이 꺼려하던 일이었다. '배운 것이라곤 이것밖에 없다'는 생각으로 묵묵히 일했던 그는 성실함과 사투리까지 능통한 영어회화 실력을 인정받아 1973년 정식직원이 되는 행운을 안았다.

출납업무를 담당하면서 드디어 그에게 위폐 감식의 기회가 주어졌다. 위폐 감식을 위해서는 무엇보다도 위폐와 진폐의 차이에 정통해야만 했다. 처음에는 진폐의 사진을 마이크로렌즈로 찍어 환등기에 비춰보면서 연구했다. 신권이 발행되면 반드시 사진을 찍어 그 특징을 연구했다. 누구도 해보지 않은 분야였기에 그는 홀로 감식 방법을 찾아 터득해 나갔다. 늘 새로운 기술을 습득하고 훈련을 반복하면서 각국의 화폐와 위폐를 모아 자료를 축적하고 그것을 데이터베이스로 활용했다.

그는 결코 학력이라는 간판에 얽매이지 않았다. 자신에게 기회를 주지 않는 은행의 문이 열릴 때까지 두드렸으며, 누가 시키지 않아도 자신만의 분야를 개척하기에 힘썼다. 그리고 결국 위폐 감식 분야의 1인자로서 승리의 깃발을 꽂았다.

나의 영웅 톰 피터스는 "앞서간 영웅들의 특징은 사회의 위계질서를 파괴하고, 창조적이고 기발한 사고를 지녔다."는 것이며 "혼란 속 유일한 혁신은 공격뿐"이라고 말했다.

어떤 분야든 정해진 틀에 얽매이지 않고, 장애물을 부수며 앞서가는 사람이 있다. 운동선수는 키가 커야 한다는 고정관념, 인간쓰레기라는 비난, 성별에 대한 편견, 학력의 벽에 연연하지 않고 묵묵히 자신의 길을 가는 사람들 말이다. 정해진 틀 안에 갇혀 있다면 당신은 그 틀만큼만 성장한다. 한단계 앞서 성장하기 위해서는 가장 먼저 스스로가 만들어 버린 틀, 사회가 만들어 놓은 틀을 깨고 나와야 한다. 그것은 당신의 가능성을 무한하게 확장시키고 성공의 길로 이끌어 줄 첫 번째 공격이다. 그리고 승리를 위해 공격을 감행하는 사람만이 자신의 분야에서 선두주자가 될 기회를 움켜잡을 수 있다.

자신의 한계를 넘어선 도전

영업에서 가장 힘든 것은 바로 '거절'이다. 거절은 사람들로 하여금 패배감과 좌절감을 느끼게 한다. 하지만 영업 현장에서의 '거절'은 판매의 시작이라고 말하는 사람이 있다. 바로 보험업계의 신화, 예영숙 전무다. 보험을 귀찮게 보는 시선이 많았던 1993년 처음 보험업계에 뛰어든 그녀는 '전문인이 되어야 한다'고 결심하고 도전에 도전을 거듭했다.

철저한 고객감동과 정직한 컨설팅을 영업의 정도로 제시하는 예 전무의 하루는 2,500명이 넘는 고객을 관리하는 일에서부터 시작된다. 하루 전화 100통은 기본이고 철저한 시간관리로 10여 개의 스케줄을 소화한다. 또 업무와 관련해서 고객 설득부터 고객 관리 및 서비스에 이르기까지 항상 상상하고 그 상상을 실현시키기 위해 노력한다. 그 결과 일주일에 서너건씩 계약을 체결하고, 불황에도 고객은 매년 40~50명씩 증가하고 있다. 예 전무는 고객의 형편이나 여건에 따라 기간을 조정하고 일별, 월별 전략을 수립하는 '목적 자금 만들기 플랜'으로 큰 센세이션을 불러 일으켰다. 이런 노력 끝에 2000년부터 10년 연속 '삼성생명 그랜드 챔피언'을 차지하면서 전무로 승진했다.

입사 초기 예 전무는 어느 중소기업의 A사장을 방문했다. 하지만 그는 정색하며 나는 "죽어도 보험은 안들 테니 다시는 회사에 찾아오지 말라."고 했다. 예 전무는 그의 가시 돋친 말 때문에 수치심과 모멸감을 느꼈지만 자신의 설명을 끝까지 마무리 한 후 자리를 떠났다. 그리고 석 달 후, A사장은 직접 예 전문를 찾아와 연금에 가입했다. 사장의 생각이 완전히 바뀐 것을 보고 그녀는 '사람의 마음은 바뀔 수 있으며, 거절은 끝이 아니라 판매의 시작이며, 앞으로 설득하지 못할 사람은 없다'는 사실을 깨달았다.

예 전무가 10년 동안 보험왕을 차지할 수 있었던 비결은 목표치를 '자신의 한계점'에 두었기 때문이다. 물론 자신의 한계를 넘어선다는 것은 쉬운 일이 아니다. 하지만 한계를 넘지 못해 발전 없고 기대할 것 없는 사람으로 취급당할 수는 없었다. 또한 한계점보다 낮은 목표는 최선을 다하지 않아도 도달할 수 있기 때문에 게으름과 나태함에 빠질 수 있다. 그래서 적당주의가 생겨나고 현실과 타협하게 된다. 이미 최고의 자리에 오른 그녀는 오늘도 자기 자신을 넘어서기 위해 노력한다. 자신을 넘어서는 것이야말로 진정한 승리라는 것을 그녀는 알고 있다.

남극을 탐험한 로버트 스콧과 로알 아문센이 위대한 것은 그들이 오지탐험에 성공한 사람들이라기 보다 자기 자신과의 싸움에서 이겼다는 데 있다.

새로운 탐험을 계획하는 스콧에게 주변 상황은 불리하기만 했다. 유럽에서의 전쟁 발발 소문으로 해군본부는 모든 자금을 전쟁 무기 마련에 투자하고 있었다. 여느 때 같으면 재정이 넉넉했을 과학 단체도 어렵기는 마찬가지였다. 스콧은 여론의 도움을 받기로 했다. 그의 남극 계획을 〈타임지〉에 기고했고 곧 반향이 일어났다. 전 국민적인 모금운동이 전개되었고 정부 보조로 잔액이 충당되었다.

아문센도 최초로 남극에 도달하기를 원했다. 1910년 6월에 출항하는 프람호는 베링해협을 향하는 듯 보였으나, 아문센이 남극에 상륙한 것은 1911년 1월 14일이었다. 아문센은 로스 빙붕 웨일스만에 프라하임 기지를 건설하고, 8명의 동료와 116마리의 개와 함께 월동 준비를 했다. 봄이 되자 그는 동행할 네 명의 동료를 선발하고 그 해 가을 남위 80도, 81도, 82도 세 곳에 창고를 설치하여 식량을 보관해 두었다.

1911년 10월 20일 아문센 일행은 프라하임 기지를 떠나, 11월 17일 남위 85도 지점의 산맥 기슭에 도착했다. 잠시도 쉬지 않고 매일 24킬로미터를 행군한 셈이었다. 도처에 크레바스crevasse(빙하가 이동할 때 생기는 응력에 의해 빙하에 형성되는 열극이나 균열)가 널려있는 액슬하이버그 빙하의 무시무시한 오르막길을 기어올랐다.

스콧은 1911년 12월 10일 버드모아 빙하에 도착했다. 빙하 등반에만 11일이 소요되었다. 스콧은 마지막 지원팀을 돌려보냈고 윌슨, 오츠, 바우어스, 에번스 등 네 명으로 공격조를 구성했다. 그들은 계속 전진했다.

12월 14일 아문센과 동료들은 드디어 세계 최초로 90도 지점에 도착했다. 그들은 3일 동안 육분의로 태양의 고도를 측정했다. 떠나기 전에 아문센은 스콧에게 편지를 남겼다. 1912년 1월 25일 아문센 공격조는 96일 만에 프라하임으로 돌아왔다.

1912년 1월 16일 스콧일행은 남극점을 앞두고 썰매 활주부에 매인 검은 깃발을 보았다. 스콧의 일기에는 다음과 같이 적혀있다. "최악의 상황이 벌어졌다. 아문센이 이미 우리를 앞질러 최초로 남극점에 도달했다. 우리도 내일 남극점을 정복할 것이다." 마침내 남극점을 정복한 스콧일행의 귀환은 순조롭게 시작되는 듯 하였다. 하지만 스콧을 비롯한 대원들은 저장소를 제대로 찾지 못해 계속된 추위와 배고픔 속에서 죽음을 맞이할 수밖에 없었다. 11월이 되어서야 수색대는 이들의 시신과 스콧의 서류, 일기를 발견할 수 있었다.

아문센과 스콧은 '세계 최초의 남극점 정복'이라는 공통의 목표를 두고 끝까지 경쟁했다. 결국 아문센은 자신의 목표를 이루었고, 스콧은 간발의 차이로 목표를 이루지 못했다. 게다가 스콧은 끝내 고향으로 돌아오지 못했다. 하지만 누구도 그를 실패자로 기억하지 않는다. 비록 '세계 최초'의 꿈이 물 건너갔다는 것을 알았지만 끝까지 포기하지 않았기 때문이다. 그와 그 일행의 죽음은 싸우기를 두려워하지 않고 전진했던 영웅들의 장엄한 최후로 기억될 뿐이다.

영웅들은 그들의 최종 목표를 자기 자신에게 둔다. 더 이상 치고 올라갈 상대가 없는 영웅에게 경쟁상대는 오로지 자신뿐이다. 자신의 한계를 넘으면 '최고'라는 타이틀은 자연스레 따라오기 때문이다. 어떤 이는 일생에 1번 오르기도 힘든 자리를 10년 동안 고수해온 예영숙 전무에게 자기 자신 보다 큰 라이벌은 없다. 남극이라는 대자연의 위용 앞에 스콧과 아문센이 넘어야 할 산은 바로 자기 자신이었다. 누가 먼저 도착했느냐는 세상의 모든 이치를 경쟁의 잣대로 보는 이들에게나 중요한 일이었다. 두 사람에겐 자신과의 싸움에서 이긴 것 자체로 목표 달성은 충분했다. 자기 자신과의 싸움에는 끝이 없다. 그래서 이들의 도전에도 끝은 없다. 오늘의 성취가 내일 도전해야 할 출발점이 되기 때문이다.

> 세계는 내가 창조하기 전까지는 존재하지 않았습니다.
>
> 태양은 내가 바다에서 끌어 올렸습니다.
>
> 달이 차고 기우는 것도 내가 시작했으며,
>
> 낮은 내가 걸어가는 길을 단장하고,
>
> 대지는 나를 맞이하여 푸른빛을 띠고 꽃을 피웁니다.
>
> (중략)
>
> 그리고 더없는 환희에 잠기면서,
>
> 광명을 가슴에 안고, 어둠을 등지고, 거침없이 나아가는 것입니다.
>
> _ **괴테 〈파우스트〉 중에서**

언뜻 이 구절 속에서는 자신이 세상의 중심이라는 오만, 자신의 능력치에 대한 엄청난 착각이 보인다. 하지만 몇 번이고 곱씹어 본 나는 목표를 향해 거침없이 질주하는 한 인간을 보았다. 어둠 따위는 저 멀리 물리치고 내일의 빛을 향해 거침없이 나아가는 인간을.

우리의 역사 속에는 이렇게 어둠을 물리치고 거침없이 진격해 민족의 영웅이 된 인물이 있다. 바로 성웅 이순신 장군이다. 그에게는 후퇴도 패배도 없었다. 원균 휘하의 조선수군이 칠천량해전에서 거의 전멸하자 선조는 "수군을 파하고 육전에 힘쓰라."는 교서를 내린다. 이에 이순신은 수군이 존속해야 함을 강력하게 주장하며 '상유 십이척尙有十二隻'이라고 기술했다. '버려야 할 배가 겨우 열 두 척'이 아닌 '오히려 아직도 열 두 척이나 되는 배가 남아 있으니' 라고 표현했다. 참혹한 상황 속에서도 반드시 공격해서 승리하고야 말겠다는 강력한 의지를 드러냈다.

항해를 두려워하는 배에게 등대와 바다는 아무런 의미가 없다. 출항하지 않는데 바다를 환하게 비출 등대가 무슨 소용이고, 수많은 모험과 자원을 품고 있는 바다가 무슨 소용인가. 마찬가지로 싸우기를 두려워하는 자에게 도전과 목표는 아무런 의미가 없다. 혼자 사는 세상이 아니기에 우리는 끊임없는 경쟁관계에 놓여있다. 영웅들은 이 경쟁에서 끝까지 살아남아 마침내 최강자로 군림한 사람들이다. 싸움을 두려워하고 공격하기를 주저한다면 경쟁관계에서 자연히 도태될 수밖에 없다. 끝까지 싸우는 사람은 불과 2퍼센트에 불과하다. 98퍼센트의 사람들은 스스로의 삶이 안정적일 수만 있다면 묵묵히 누군가의 뒤를 따르는 것에 익숙하다. 승리의 깃발을 직접 꽂길 바라는 것이 아니라 깃발 꽂는 자를 보고 환호하는 것에 만족한다. 결국 행동하는 2퍼센트가 세상을 바꾼다.

당신이 안정적인 삶을 원한다면 지금이라도 영웅이 되길 포기하라. 영웅이 되기 원한다면 '안정'이라는 두 글자는 당분간 당신의 머릿속에서 지워라. 그리고 당신이 원하는 것을 갖기 위해 과감히 돌진하기를 주저하지 마라. 당신은 영웅에 한 걸음 더 다가섰다.

Step 6. **목숨 걸고 혁신하라**

6장

2009년 수많은 사람들을 극장으로 불러들인 제임스 카메론 감독의 영화 〈아바타〉는 단순한 흥행영화로만 볼 수는 없다. 영화를 찍는 방식과 보는 방식 모두에 새로운 가능성을 제시했기 때문이다. 3D로 제작한 영화에 제대로 된 연기와 서사를 넣어 전면적으로 상영하다니…. 2009년 〈아바타〉 영화의 등장은 세계 영화사에 있어 또 다른 기준으로 기록됐다.

처음 TV가 등장했을 때 작은 상자 안에서 사람들이 노래를 하고, 이야기하는 모습이 너무 신기한 나머지 '안에 사람이 들어있을 것이다' 라는 생각에 직접 분해를 한 사람도 있었다는 일화가 있다. 자신의 눈앞에서 벌어지는 일들을 보는 것에만 익숙했던 사람들에게 먼 곳에서 일어나는 일도 생생하게 볼 수 있게 한 TV는 그야말로 '본다'는 것의 차원을 완전히 뒤바꾸는 획기적인 사건이었다.

그리고 이제 3D 영화 〈아바타〉가 다시 한 번 '보는 것'의 혁명을 가져왔다. 많은 사람들이 코웃음 치던 3차원 텔레비전에 힘을 실어주었다. 보는 미디어의 혁신 가능성이 '가능성'이라는 딱지를 떼어냈다.

인간의 상상력은 무한하다. 그리고 혁신은 상상을 현실로 만들어준다. 그것은 놀라움과 쾌감, 그 자체다. 또한 나아가 더 큰 것을 꿈꾸고 도전하게 하는 원동력이 된다. 늘 새로운 것에 목말라 있지 않으면 고인 물이 되어 썩어버리고 만다. 혁신은 새로운 시대를 여는 창이 되어 방향성을 제시하면서 영웅으로 향하는 당신 발걸음에 날개를 달아준다.

기업의 성패를 좌우하다

도요타는 2007년 세계 최고의 자동차 판매를 기록하며 그동안 부동의 1위 자리를 지키고 있던 미국의 GM(제너럴 모터스)을 제치고 세계 1위에 등극했다. 도요타가 1위의 자리에 오르기까지 '도요타 생산방식TPS(Toyota Productivity System)'이라 불리는 생산기법은 절대적인 역할을 했다. TPS는 인력과 설비 등의 생산능력을 필요한 만큼만 유지하면서도 효율을 극대화할 수 있도록 작업 정보를 긴밀하게 교환하는 협동적인 생산시스템이다.

도요타 생산시스템은 2차대전 후 일본 자동차산업의 부흥을 위한 오랜 노력의 결실로서, 현장에서 고안되고 개선되어 완성된 새로운 생산방식이다. 당시 일본은 부족한 자본과 열악한 설비로 미국 포드자동차의 컨베이어 방식을 이용한 대량 생산방식과 경쟁해야 했다. 국내시장 수요가 적은 일본은 대량생산의 미국방식이 부적합하자 그때 그때의 수요JIT(Just-in-Time)에 맞추어 공급할 수 있는 생산방식의 개발이 필요했다. 원가를 절감하고 생산성을 향상시켜 이익을 증대시키기 위해 모든 낭비요소를 찾아 그 원인을 일일히 조사하고 창의적인 개선책을 고안해냈다. 도요타는 이에 그치지 않고 이런 개선책을 새로운 생산방식으로 발전시켰다.

일본의 자동차업체라는 모노컬처(한 나라의 경제가 매우 적은 수의 1차 상품 생산으로 유지되는 경제)에서 벗어나 국제적인 복합기업으로 변신하기 위한 도요타의 부단한 노력은 일본식 경영시대를 마감하고 21세기를 주름잡는 새로운 기업의 미래상을 보여주었다.

그런 도요타가 비틀거리고 있다. 미국 진출의 첫 번째 도전에서 품질문제로 실패를 맞본 후 '도요타'라는 이름을 숨긴 채 '렉서스'라는 브랜드명으로 재도전, 글로벌 도요타로 성장할 수 있는 발판을 마련했다. 그런데 이번엔 그 렉서스에 문제가 생겼다. 2009년 8월 캘리포니아주에서 렉서스 'ES350'을 몰고 가던 일가족 4명이 속도제동이 되지 않아 사망한 사고가 언론에 보도되면서 문제가 불거졌다. 이로 인해 도요타는 가속페달과 바닥매트 문제로 8개 차종 428만대에 대한 리콜을 실시했고, 미국의 규제당국으로부터 사상 최대의 벌금을 부여받는 동시에 도요타 차량 소유자들의 소송에 휘말리고 있다. 도요타가 지금까지 쌓아왔던 기업 이미지에 커다란 타격을 입은 것은 물론 어마어마한 매출손실을 감수할 수밖에 없는 지경에 이르렀다.

이번 도요타의 리콜사태는 세계 자동차 판매 1위라는 도요타의 자만심과 정보의 파급력을 무시하고 초기대응을 제대로 하지 못한 데서 그 원인을 찾을 수 있다. 2007년 3월 이래로 도요타 차량에 대한 소비자불만이 지속적으로 제기되었으나 도요타 측에서는 이를 무시하고 사건축소에 로비력을 집중하는 등 사건의 본질을 제대로 파악하지 못하는 우를 범했다. 또한 원가절감을 위해서 그 어떤 노력을 기울이기보다 부품업체의 납품단가를 지속적으로 인하하는 전략을 추진함으로써 품질관리에 소홀해 질 수밖에 없었다. 그 동안 도요타가 규모의 확대를 통해 비용상의 이점을 추구하면서 동시에 다른 가치들, 즉 품질이나 안전, 나아가 소비자들의 권리에 대해 얼마나 안이한 운영 가치를 지니고 있었는가를 단적으로 보여준다.

과거에 어떤 성과를 올렸든, 지금 어떤 위치에 있든 그 성과와 위치에 취해 만족감을 느끼는 순간부터 당신의 인생은 뒷걸음질한다. 세계 최고의 자동차 기업이었던 미국의 GM이 방만한 경영으로 몰락하더니 각고의 노력으로 1위 자리를 탈환한 도요타마저 리콜사태로 위기에 처하지 않았는가. GM이 엄청난 구조조정을 감내하며 서서히 회생하고 있듯 도요타도 이 위기를 잘 이겨낼지 모른다. 그리고 다시 과거의 영광을 재현할 수도 있다. 하지만 이 또한 많은 고통을 감당하고 뼈를 깎는 혁신의 과정을 거친 후의 이야기다. 아마도 도요타가 다시 소비자들의 신뢰를 얻고 최고의 위치를 되찾기 위해서는 그 동안 투자한 시간과 비용에 비교할 수 없는 대가를 치러야 한다. 혁신 없이 안주한 대가는 이렇게 초라하고 혹독하다. 세상에 영원히 완벽한 것은 없으며 진정한 영웅으로 거듭나기 위해서는 목숨을 걸고 끊임없이 혁신하려는 자세와 노력이 중요하다.

반면 유한킴벌리는 국제적인 경제 위기 속에서도 혁신적인 인력 운영 방안을 제시하며 슬기롭게 위기를 극복해 가고 있다. 2008년 서브프라임 모기지사태에서 발생한 미국발 금융위기가 채 가시기도 전에 2010년 유럽 금융위기가 제기되면서 또다시 세계가 불안에 떨고 있다. 금융위기로 인해 기업들의 도산이나 구조조정이 줄을 잇고 있는 가운데 취업난은 국가적 문제로 대두되고 있다. 기업이 재정적 어려움을 극복하기 위해 쉽게 할 수 있는 일은 인원 감축이다. 하지만 해고 중심의 구조조정이 난무하는 이때 유한킴벌리는 자신들만의 독자적인 인사관리로 일자리 창출과 생산성 향상이라는 두 마리 토끼를 잡고 있다.

일명 '유한킴벌리식 일자리모델'이라 불리는 이 시스템은 설비 자동화나 생산 감축 등으로 인원을 감축하는 것이 아니라 교대근무제 도입 또는 확대를 통해 고용인원을 유지하는 것. 예를 들어 3조 3교대로 600명을 고용한 기업이 생산 감축을 할 경우 150명을 줄여야 하지만 4조 2교대 근무제는 인원 감축 없이 고용을 유지하는 방법이다. 유한양행과 킴벌리 클라크의 합자회사인 '유한킴벌리'는 국내의 대표적인 생활용품업체로 실제 이러한 4조 2교대 방식을 활용하고 있다. 2개조가 낮과 밤을 12시간씩 나눠 번갈아 나흘 일하는 동안 나머지 2개조는 쉬는데, 쉬는 동안 하루는 공장에서 직무교육과 교양강좌 교육을 받는다. 이렇게 받은 교육은 현장의 생산성 향상으로 연결되어 선순환 구조를 이룬다. 유한킴벌리의 이러한 시스템은 일자리 창출과 생산성 향상에 모두 성공해 국내경제와 기업에 신선한 충격을 주고 있다.

전 세계 킴벌리 자회사 중 어느 곳도 이런 방법을 사용하지 않았지만 유한킴벌리는 이를 밀어부쳤고 그 결과 경쟁사 대비 노동 생산성 400퍼센트, 설비 생산성 640퍼센트 신장의 성과를 얻을 수 있었다. 현재 킴벌리 클라크는 중국, 대만, 홍콩 등 아시아 주요 법인들의 경영을 유한킴벌리에 위탁했으며 일본, 싱가포르, 러시아, 몽고 등의 주요 법인에 경영 자문을 위탁했다.

유한킴벌리의 일자리모델은 고용 창출과 생산성 향상에 새로운 방향성을 제시하는 혁신의 예라 할 수 있다. 이러한 혁신은 단순히 인원 감축으로 위기를 모면하려 했던 많은 기업들의 귀감이 되고 있다. 인원 감축 없이도 생산성 향상을 이룰 수 있는, 노사가 모두 윈윈할 수 있는 이러한 혁신이야말로 침체에 빠져 있는 세계경제 속에서 기업을 살릴 수 있는 좋은 대안이 되고 있다.

신화를 재창조하다

100여 년의 역사를 간직하고 있는 리츠칼튼 호텔은 미국 조지아주 아틀란타시에 본사를 두고 미국 내 주요 도시는 물론 유럽, 남미, 호주,

동남아 각지에 40개의 체인을 통해 그 명예와 전통을 지켜나가고 있다.

리츠칼튼은 18세기 베르사이유 궁전의 생활양식을 응용하여 고풍스럽고 고급스러운 내부장식과 분위기를 현대감각에 맞춰 설계한 호텔로, 외관의 품격과 내부의 격조가 넘치는 곳이다. 하지만 이 호텔이 100여 년이 넘게 고객들의 신뢰와 사랑을 받고 있는 이유는 다른 곳에 있다. 바로 정중한 종업원들의 서비스 정신이 세계 정상을 유지하고 있는 힘이다.

고객의 편안함과 고객을 위한 배려에 최선을 다하는 것이 가장 중요한 임무인 리츠칼튼 호텔의 사훈은 '우리는 신사 숙녀를 모시는 신사 숙녀' 다. 종업원 모두 고객이 안락하고 품위 있는 분위기를 느낄 수 있도록 최선의 서비스와 최고의 시설을 제공할 것을 다짐한다. 고객이 방문할 때마다 새로운 느낌과 만족감을 경험할 수 있도록 배려하며, 고객이 표현하지 않은 기대와 요구까지도 충족시킨다.

리츠칼튼 호텔은 고객의 불만이나 불편을 접수한 직원은 그 내용이 자신의 업무영역이 아니더라도 직접 책임지고 조처하도록 하고 있다. 또한 동료직원이 고객의 불만해소나 요구충족을 위해 도움을 요청하면 자신이 맡은 업무가 무엇이든지 간에 반드시 협조하도록 업무 지침에 명시하고 있다. 고객만족경영에 있어서 불만처리의 신속성은 매우 중요한 기준이다. 불만족한 고객이라도 자신의 불만이 신속하게 해결되면 충성된 단골고객으로 변한다. 흔히들 이것을 '고객만족 제1법칙' 이라고 한다.

고객만족을 최우선으로 삼은 만큼 리츠칼튼 호텔에서는 오로지 고객의 불만해소를 위해서라면 상사의 사전승인 없이도 2,000달러까지 지출할 수 있다. 예를 들어 실수로 손님의 옷에 커피를 쏟았다면 직접 옷을 사주기도 하고, 객실 배정에 착오가 있었다면 정중한 사과의 의미로 포도주나 과일 바구니를 손님에게 선물하기도 한다. ‘고객과 현장을 가장 잘 아는 사람은 일선 직원이기 때문에 그들에게 마땅히 권한을 위임한다’라는 서비스 철학이 바탕에 깔려 있기에 가능한 일이다.

‘고객인지 프로그램’이라는 정보기술을 이용한 탁월한 선행형 시스템 또한 최상의 서비스를 제공하고자 하는 리츠칼튼 호텔의 정신과 잘 맞아 떨어진다. 가령 알러지가 있는 손님이 고객인지 프로그램에 등록되었다면, 세계 어느 곳에 있는 리츠칼튼 호텔에 투숙하게 되더라도 그가 머무르게 될 방의 욕실에는 무자극성 베이비샴푸가 미리 놓이게 된다. 이것은 ‘고객이 말해주지 않는 요구와 소망까지도 찾아내어 충족시킨다’는 리츠칼튼 호텔의 신조가 구호에 그치는 것이 아니라는 것을 입증한다.

고객만족 경영에는 두 가지 유형의 방법론이 있는데 고객만족 제1법칙은 ‘대응형 시스템’으로 불만이 접수되면 해결해주는 식이다. 그런데 일반적으로 불만이 있는 고객 중 자신의 불만을 공식적인 경로를 통해 해당 기업에 전달하는 사람은 전체의 5퍼센트에 불과하다. 따라서 고객이 제기한 불만처리에만 관심을 둔다면 전체 고객 불만의 95퍼센트가 그대로 방치되어 있는 셈이다. 이러한 빙산의 일각 현상을 극복하기 위해서 리츠칼튼 호텔은 고객이 말하지 않더라도 잠재되어 있는 그들의 불만을 알아낼 수 있는 고객만족 제2법칙인 ‘선행형 시스템'을 운영하고 있다.

최근 한 대리운전 기사가 고객에게 폭행당해 사망한 사고로, 우후죽순 생기는 대리운전 업계의 후진적 운영방식에 대한 심각한 검토의 필요성이 제기됐다. 국내 최대 대리운전 업체인 코리아드라이브의 김동근 사장이 끊임없는 혁신을 거듭하며 대리운전 업계의 기본을 세우려는 것도 이와 다르지 않다.

대기업 생산직과 건설현장을 전전하던 그가 대리운전 사업을 하겠다는 결심을 했을 때, 그에게는 집 전화기 한 대와 다마스 한 대 그리고 대리운전 신청을 접수받는 아내가 유일한 직원이었다. 하지만 새로운 블루오션으로 떠오르고 있던 '대리운전' 사업을 시작하며 그는 기존의 것을 답습하는 것을 거부했다. 대리운전을 그저 차를 대신 이동시켜주는 것으로 만족해 하지 않았다. 그가 하는 모든 일은 대리운전 업계의 최초이자 최고였다. 인터넷과 공중파를 활용한 공격적인 경영, 다양한 영업망을 통한 최고 서비스 마인드 보유, 현장외야조직 보유 최고, 법인 기업체와의 후불결재 방식인 원스텝 운전대행 계약 체결 등 많은 성과들이 이를 나타내고 있다.

이에 그치지 않는 차별성이 코리아드라이브에 있다. 전 직원 100퍼센트 대리운전자 보험가입은 물론 고객에 대한 맞춤서비스 요금제를 도입하는 등 남과 다른 서비스가 있다. 고객이 원하는 가격과 기사의 연령 및 복장 등을 선별, 요청 시 개인 비서처럼 지방출장이나 장거리 골프장 운행 등을 이용할 수 있도록 고객 선택의 폭을 자유롭게 제공하고 있다. 이는 갈수록 치열해지는 경쟁 속에서 코리아드라이브만의

장점으로 부각되어 지난 2007년 산업자원부와 중소기업청 후원으로
개최된 '2007년 대한민국 프런티어 경영대상'을 수상하기도 했다.

직원들에 대한 처우에도 소홀함이 없다. 다양한 인센티브 지급은 물
론 한 가족이라는 마인드로 복리후생 부분에 중점을 두고 장기근무자
나 우수기사에게는 매월 포상식과 더불어 제주도 여행 및 해외 여행의
기회를 주고 있다. 이는 기업과 직원, 그리고 고객 감동의 원활한 순환
을 이루어내고 있다.

코리아드라이브는 이르면 2~3년 내에 코스닥 상장이 가능할 것으
로 보인다. 국내 대리운전 업계의 부정적인 이미지를 탈피하고 서비스
의 질적 수준을 높이기 위한 그의 또 다른 노력이다. 김 사장은 "현재
대리운전 시장은 중소업체들이 난립한 탓에 과열·출혈경쟁으로 치
닫고 있다."면서 "치열한 경쟁 속에서 지속적인 성장기반을 마련하기
위한 해법으로 상장을 결심했으며 신뢰성과 고품질 서비스로 차별화
를 꾀할 것"이라고 역설했다.

현재 대리운전기사 4,700명을 둔 업계 최대 기업으로 회사를 일구
어낸 그는 개인고객 위주의 영업에서 벗어나 대기업 등 법인을 대상으
로 영업을 벌여 안정적 성장 기반을 마련한다는 계획이다. 그리고 하
루 평균 70만 명 이상의 고객을 확보하기 위해 '대리운전의 대중화와
고급화'를 지향하고 있다.

김동근 사장이 대리운전 업계의 혁신을 주도하고 있다면 안철수 교
수는 컴퓨터 바이러스 퇴치의 개척자이자 혁신가다. 컴퓨터 바이러스
는 1985년 파키스탄에서 세계 최초로 탄생했고, 1988년 우리나라 안

철수 교수에 의해 최초의 백신이 탄생했다.

그의 본업은 의사였다. 낮에는 의사로서 최선을 다했고 백신 개발은 자신의 수면시간을 쪼개서 이루어나갔다. 그렇게 힘들게 개발한 백신을 그는 아무런 대가 없이 모든 사람에게 배포했다. 돈벌이 보다는 사명감을 중요하게 생각했기에 가능한 일이었다. 안철수의 일에 대한 집념은 대단했다. 군대 가기 전 미켈란젤로 바이러스 프로그램을 개발하기 위해 집중한 나머지 가족들에게 입대 소식도 알리지 못하고 나홀로 입대했다. 덕분에 입대 하루 전 최초의 'V3 버전'이 탄생했다.

세월이 흐를수록 바이러스도 발전해 가는데 의사생활을 겸하면서 새벽 3시부터 새벽 6시까지 하루 세 시간의 백신 개발로는 부족하다는 생각을 하는 순간, 그는 의대를 포기하고 돈벌이는 안 되지만 재미있고 정말 잘 할 수 있는 백신 제작에 본격적으로 돌입했다. 비영리 공익 법인을 설립하는 게 꿈이었기에 정부, 기업에 부탁했지만 번번이 거절을 당했다. 그러던 어느 날, 한 소프트웨어 회사의 사업제의를 통해 일반인에게 무료로, 기업이나 공공기관에는 유료로 백신을 배포하게 되면서 안철수 연구소가 탄생했다.

하지만 초기 안철수 연구소는 상당히 어려웠다. 그러던 어느 날 세계 최대 백신 업체로부터 당시 연구소가 적자임에도 불구하고 1천만 달러라는 엄청난 금액의 인수 제의가 들어왔다. 하지만 안철수는 단칼에 거절했다. 우리의 기술을 외국에 넘길 수 없는 일이었고, 그렇게 되면 자신이 개발한 백신들을 무료로 배포하는 것도 불가능했기 때문이다. 적자기업이었던 안철수 연구소는 1999년 빛을 발하기 시작했다.

S/W 업계 최초로 순이익 100억 원을 달성한 것. 그렇게 안철수 연구소는 꾸준한 매출 신장을 보이면서 국내 컴퓨터보안업계를 주도하게 되었다. 안철수 연구소를 설립한 지 만 10년이 되던 날, 안철수는 직원들과 상의도 없이 CEO 자리에서 물러났다. 어렵게 일구어낸 연구소가 자리를 잡게 되자 또 다른 도전을 꿈꾸었다. 직원들에게 주식을 무상으로 나눠주고 유유히 떠났다. 그가 자신에게 줄 수 있는 가장 큰 선물은 '끊임없는 기회'였다.

신화를 창조한 이들에겐 차별화된 무언가가 있다. 그 차별성을 만들기 위해 영웅들은 끊임없이 공부하고, 끊임없이 변화하기 위해 노력한다. 그것이 오늘 최고의 자리에 오를 수 있었던 이유이며, 내일도 최고의 자리에 머무를 수 있는 유일한 방법이기 때문이다.

리츠칼튼 호텔의 서비스가 언제나 최고일 수밖에 없는 이유는 전통과 명예 그리고 최고의 전문적이고 일관된 고객만족 서비스를 위해 혁신하는 그들의 경영 철학에 있다. 코리아드라이브가 치열한 경쟁시장에서 독보적인 위치를 차지할 수 있었던 건 남들과 똑같은 방식에 만족하지 않고, 철저하게 고객의 입장에서 가장 편한 서비스를 제공하기 위해 끊임없이 혁신한 결과다.

안철수는 말한다. "가장 두려운 것은 '어제의 안철수'보다 '오늘의 안철수'가 못한 것입니다."라고. 어느 누구도 그의 성공에 의문을 제기하지 않지만 그는 여전히 '안정'이 아닌 '새로운 무언가'를 찾기 위해 노력하고 있다.

이렇듯 영웅들은 새로운 것, 남들이 하지 않은 것을 갈망하며 그것을 이루어내기 위해 용기를 내어 추진했다. 영웅이 영웅으로 거듭나기 위해 노력하는 것은 이들에게 당연한 일이었다.

제2의 탄생

"집이 불타고 있는데 누구도 불을 끄려고 하지 않고 그냥 앉아만 있더군요." 닛산자동차에 부임한 최고 경영자 카를로스 곤이 "닛산에 와서 가장 놀란 것이 무엇입니까?"라는 물음에 던진 답이다. 최고경영자인 카를로스 곤은 프랑스인이지만 일본인들에게 가장 많은 사랑과 존경을 받고 있는 경영자이기도 하다. 8년 연속 적자 행진을 이어온 닛산자동차를 단 1년 만에 흑자 기업으로 탈바꿈시킨 인물이기 때문이다.

1999년 그의 부임 당시 회사는 6,800억 엔의 적자와 2조 엔의 부채를 짊어지고 있었고, 사원들의 사기는 극도로 침체돼 있었다. 일부에서는 그를 보고 "일본의 문화를 모르는 외국인 경영자가 일본문화가 숨 쉬는 닛산을 과연 살려낼 수 있을까?"하고 비아냥거리기도 했다. 그러나 일본인 경영자가 몇 년에 걸려서도 이루어내지 못한 것을 그는 단숨에 성공적으로 해냈다. 전혀 해결할 수 없을 것 같던 문제들을 단숨에 해결해 내는 그를 보며 사람들은 '아이스 브레이커', 즉 얼어붙은 상황을 타개하는 사람이라고 불렀다.

회사 비용을 삭감하기 위해 직원 2만 1,000명을 감원하고, 부실공장 5곳을 폐쇄했으며 5,300억 엔에 달하는 부동산을 매각하는 그를 두

고 사람들은 '칼잡이' '코스트 커터cost cutter' 라고 불렀다. '세븐 일레
븐'은 아침 7시부터 밤 11시까지 열정적으로 일하는 그를 가리키는 말
이 되었다. 이렇게 공격적인 경영을 감행할 수 있었던 것은 그가 평소
가지고 있던 철학이 밑바탕이 되었다. 그는 경영에 있어 가장 중요한
것은 '확고한 의지와 실행력' 이라고 말한다. 어떠한 비판과 어려움이
있더라도 한 번 옳다고 판단한 것은 철저하게 실천하는 것이 중요함을
강조한다. 그것은 조직의 효과적인 관리 부분에 권력과 권한을 집중해
최대의 효과를 얻음과 동시에 결과에 대한 책임 또한 명확하게 하기
때문이다.

닛산자동차를 위기로 몰아넣었던 것은 단순한 재정 위기뿐만이 아
니다. 카를로스 곤의 부임 당시 회사는 파벌주의와 대기업병 매너리즘
에 물들어 있었다. 끊임없이 자동차의 성능을 개선시키고 소비자의 선
호에 대해 귀를 열고 있어야 할 연구개발부는 강한 권한을 가지고 외
부의 의견을 진지하게 듣지 않고, 자동차회사는 예술품이 아님에도 불
구하고 유아독존적으로 신차를 개발해 버리는 시스템이 만연해 있었
다. 연구개발부문은 거대한 조직 속에서 독립왕국과 같은 존재가 되어
기술자가 자기만족만을 위한 신차를 개발하고 "팔리든 팔리지 않든
알 바 아니다." "파는 것은 판매부문에서 알아서 할 일이다."라는 식의
오만한 의식에 젖어 있었다.

그는 신상필벌信賞必罰(상벌을 공정하고 엄중하게 하는 일)을 철저하게 적
용하기로 했다. 능력 있는 사람은 적극적으로 이끌어서 업적을 올릴
수 있도록 하고 성과가 오를 경우 그것에 걸맞은 보수로 보상했다.

'능력주의'와 '성과주의'를 인사에 철저하게 적용하여 조직 풍토를 개선했다. 곤은 사장에 취임한 지 얼마 되지 않아 임원회의를 신차의 테스트 코스에서 주도했다. 차를 만드는 회사인데 임원이 차에 관해 모르고서 무슨 일을 할 수 있겠느냐는 그의 태도에 모두들 놀람을 금치 못했다.

닛산자동차의 부활, 지난 10여 년 동안 수많은 노력에도 불구하고 그 누구도 이룰 수 없었던 닛산자동차의 재건을 카를로스 곤이 해냈다. 이것은 기적이었다. 카를로스 곤은 직원들이 자신의 위치에서 꼭 해야만 하는 일을 명확히 인지하게 해주고 현장에서 활기차게 움직일 수 있는 동기를 마련해 주었다.

카를로스 곤, 그는 닛산자동차의 부활을 위해 무엇을 해야 하는지 정확히 알고 있었다. 그리고 그것을 실행에 옮기길 주저하지 않았다. 어떠한 문제 앞에서도 그는 주저 없이 혁신의 칼날을 휘둘렀다. 그렇게 그는 모두가 불가능하다고 말하는 일을 믿을 수 없는 시간 안에 이루어냈다.

일본 '아사히야마旭山 동물원'도 닛산자동차처럼 심각한 경영의 위기에 처한 경험이 있다. 겨울엔 영하 20도 밑으로 기온이 떨어지는 홋카이도 아사히카와시에 이 동물원이 들어선 것은 1967년. 주민들은 일본 최북단에 세워진 이 동물원이 인구 30만 명의 아사히카와의 지역 경제를 살려줄 것으로 기대했다. 1975년엔 누적관람객 200만 명을 돌파했지만 1980년대 들어 테마파크에 밀리고, 1994년 동물전염병 발생으로 임시 폐쇄조치가 취해지자 1996년에는 관람객이 26만명까지 떨어졌다. 시 의회에서 폐원을 검토했으나 민간 매각도 실패로 돌아갔다. 당시 고스게 마사오 원장과 사육사들은 동물원의 사명이라는 원점에서 다시 한 번 생각을 해보게 됐다. 그리고 "생명의 소중함을 전하고 동물과 관람객 모두가 행복할 수 있는 환경을 만들어야 한다."는 결론을 내렸다.

예산이 없으니 사육사들이 발 벗고 나섰다. 직접 동물 습성을 알리는 팻말을 만들고 관람객에게 동물의 특성을 설명하는 '원 포인트 가이드'도 도입했다. 성공신화는 1997년 개장한 '어린이 목장'에서 비롯됐다. 토끼와 염소·오리 등을 풀어놓아 관람객들이 동물을 직접 만져볼 수 있도록 배려한 것이 주효했다. 1999년 문을 연 '원숭이산'에서는 원숭이의 튀어나온 이빨을 잘 볼 수 있도록 관찰용 창에 원숭이가 좋아하는 꿀을 발라두었다. 펭귄관 수족관 아래쪽에 통로를 개설, 아래에서 펭귄을 바라보는 관람객 입장에선 펭귄이 마치 날아다니는 것처럼 보이도록 꾸몄다. 관람대 옆에 기린이 좋아하는 나뭇잎을 두어 바로 코 앞에서 움직이는 기린을 관찰할 수 있도록 했다. 창조적 발상으로 혁신을 이룬 이 동물원의 인기는 전국으로 확산돼 2006년에는 연 방문자 수가 300만 명을 넘어섰다.

사람들은 재미있고 신기한 것을 원한다. 보다 가까이에서 보고 느끼길 원한다. 동화책이나 동물도감 속에 등장하는 동물들을 보는 것과 별반 다르지 않은 동물원이라면 찾을 필요성을 느끼지 못한다. 이것이 아사히야마동물원의 변화를 이끈 원동력이 되었다. 동물과 사람이 교감할 수 있는 장을 만들자는 발상이 '행동전시' 즉 동물들의 습성이나 특징을 관람객이 직접 보고 배울 수 있도록 배려하는 동물원으로 탈바꿈하게 만들었다.

로드 파머스턴은 "성공하기를 원하는가, 그렇다면 이미 개척해 놓은 성공의 길이 아니라 그 누구도 가지 않은 새로운 길을 개척해야만 한다."고 말했다. 혁신이란 거창한 것이 아니다. 그저 기본에서 비롯된 약간의 비뚤어진 시각일 뿐. 하지만 그것이 가져온 변화는 너무나 크다.

적자와 부채로 무너져 가던 닛산자동차를 흑자기업으로 바꾸어 놓은 것과 관람객 감소와 이어진 전염병 사태로 폐쇄 위기에 이른 아사히야마동물원을 인기 동물원으로 바꾸어 놓은 것 모두 혁신이 가져온 기적에 가까운 변화이다. 혁신은 꺼져가는 불꽃에 생명을 불어넣는 강력한 힘을 지녔다.

파격 리더십에 열광하다

이효리와 미국의 팝가수 크리스티나 아길레라의 공통점은 무엇일까? 두 가수 모두 컴백을 하면서 레이디 가가로 인해 한바탕 곤욕을 치러야 했다는 점이다.

이효리는 대한민국의 스타일 아이콘이다. 이런 그녀가 금발을 하고 나오자 사람들을 가가를 흉내내고 있다면서 비난했다. "금발을 하고 나오면 모두 레이디 가가를 흉내낸 것이냐."며 자신의 음악에 집중해 달라는 그녀의 억울함에 귀를 기울이는 사람은 극히 적었다.

아길레라도 마찬가지다. 그녀 또한 할리우드에서 스타일이라면 둘째가라면 서러울 정도의 위치에 있음에도 불구하고 후배인 '가가와 비슷하다'는 굴욕을 당했다.

두 사람뿐만 아니다. 이런 논란에 오르는 가수들은 한 둘이 아니다. 이들은 극구 부인하지만 소용없는 일이다. 전 세계 음악 시장에 기현상이 나타나고 있다. 뭘 하든 '가가를 따라 했다'는 말을 듣는다. 과연 대중 전반에 걸쳐 스며든 그녀의 영향력은 어디서부터 나온 것일까? 2010년 팝계의 글로벌 트렌드로 떠오르게 된 가가의 힘은 무엇일까?

이보다 더 파격적일 수는 없다! '21세기형 마돈나'라고 불리는 레이디 가가는 전 세계 연예매체에서 매일 한 번쯤 언급될 정도로 온갖 이슈를 몰고 다니는 'HOT'한 스타다. 무엇보다 그녀를 늘 화제의 중심에 서게 하는 것은 그녀의 특이한 패션감각이다. 취재진이나 파파라치는 언제나 그녀의 스타일에 집중하고 대중은 열광한다. 언론이 당황할 정도로 노출이 심한 의상을 입고 등장해 자체 모자이크를 했다는 해프닝도 이젠 웃어넘길 만한 일이다. 공적인 자리도 예외는 아니다. 공식석상에서 자신의 지인들에게나 말할 법한 '성性적 취향'을 털어놓는 것으로 유명하다. 집단성교를 하고 싶다는 발언에서부터 흑인여성과의 동성애 파문까지. 레이디 가가 신드롬의 중심에는 '성적 파격'이 자리하고 있다.

이렇듯 파격적이다 못해 당황스럽기까지 한 말과 행동이 팝스타의 인기가도에 브레이크는커녕 날개를 달아준 이유는 뭘까. 그녀는 단순한 '문제아'가 아닌 '음악적 재능이 넘치는 문제아'이기 때문이다. 그녀는 단순한 골칫거리 이슈 메이커가 아닌, 파격 속에 철학을 담은 아티스트로 행보를 달리했다. 음악과 비주얼에 일관되게 '파격'이라는 공통의 키워드를 결합시켜 시너지 효과를 낳았다. 단순히 '파격적인 언행으로 가십을 생산하는 엔터테이너'가 아니라 '제대로 된 음악과 예술을 하는 내공 있는 아티스트'이기에 이 같은 신드롬이 가능했다는 평가다.

가가는 싱어송라이터이자 뛰어난 보컬리스트이며 댄스 퍼포머(무대 예술을 연기하는 사람)로 재능있는 팝스타의 모든 조건을 갖췄다. 브리트니 스피어스, 저스틴 팀버레이크 등 유명 스타에게 곡을 줄 정도니 더 이상 무슨 말이 필요하겠는가. 데뷔 2년 만에 〈저스트 댄스〉〈포커 페이스〉의 두 싱글곡을 연달아 빌보드 정상에 올렸다. 지난해 말 발표한 두 번째 음반 〈더 페임 몬스터〉는 한발 더 나아갔다. 일렉트로닉을 기반으로 한 팝 댄스로 기존 팝의 트렌드를 깨는 파격적인 음악을 선보였다. 자신과 다른 지점에 위치한 대중적인 팝스타 비욘세와의 공동 작업을 통해 자신의 이미지를 확장시켰다. 어떠한 편견 없이 음악적으로 항상 진보할 것이라는 의지를 상징적으로 펼쳐 보인 셈이다.

뿐만 아니다. 가가 신드롬은 급속도로 번지며, 시사주간지 〈타임〉이 선정한 '2010년 가장 영향력 있는 예술가' 1위, 구글이 선정한 '세계에서 가장 유명한 여성' 1위에 가가를 올려놓는 등 파급력을 더했다.

가가에게 있어 파격은 혁신과 일맥상통한다. 누구도 가보지 않은 길을 가장 먼저 가며, 더 새로운 것을 추구하고 도전을 멈추지 않는다. 그것이 언제나 다른 사람들이 가가를 따라했다고 믿게 만드는 이유다. 당분간 대중은 탄탄한 음악적 재능과 함께 기이한 4차원 패션 감각,

솔직 발언으로 파격의 길을 걷고 있는 가가에 대한 열광을 멈추지 않을 듯하다.

대중에 대한 파급력은 '파격'만이 아니라 '리더십'도 한몫하고 있다. "미국이 세계 최강국이 되는데 가장 기여한 단체는?"이라는 주제로 미국에서 설문조사를 실시했다. 과연 사람들은 어떤 단체를 미국의 가장 강력한 힘이라고 생각했을까. 하버드? 마이크로 소프트? 나사NASA? 미국인들의 대답은 웨스트포인트WestPoint, 미 육군이었다.

미국의 가장 강력한 힘으로 미 육군을 뽑은 것은 육군의 '리더십'에 있다. 군의 제1의 사명은 당연히 전쟁에서의 승리다. 이 사명을 완수하려면 병사들이 어떤 상황에서도 반드시 승리하겠다는 의지를 다지고 어려울 때나 절망적인 때도 굴하지 않아야 한다. 이런 상황에서 기필코 이기겠다는 의지를 심어주는 것이 바로 군의 리더십이다.

미 육군은 세계 어떤 나라의 군보다 복잡한 조직을 갖추고 있으면서도 가장 효율적으로 잘 운영되고 있다는 명성을 얻고 있다. 그리고 미 육군이 이런 성공을 거둘 수 있었던 이유는 바로 강력한 리더십을 발휘했고 또 지속적으로 리더십을 계발했기 때문이다. 그런 의미에서 오늘날 세계에서 가장 뛰어난 지상군을 만들어낼 수 있었던 미 육군의 특별한 리더십은 많은 사람들의 관심과 호응을 얻고 있다.

세상은 다변화되고 있고 어떻게 하면 효율적이고 합리적인 사회와 집단을 만들어 나갈 것인지 각종 리더십이 연구·발표되고 있으며 리더십에 대한 수백, 수천 가지의 정의들이 내려지고 있다. 그 중에서도 미 육군의 리더십에 대한 정의는 리더십의 모든 요건을 포함하고 있다. "리더십은 목적과 방향과 동기를 부여하고 임무를 성취할 수 있는 추진력을 주며 조직을 개선해가면서 사람들에게 영향력을 미치는 것이다."

조직이 올바른 방향으로 나갈 수 있는 목적과 방향과 동기를 부여해 임무를 성취하는 것이 바로 리더의 가장 중요한 조건이다. 미 육군 리더의 가장 강력한 힘 또한 혁신에 있다. 즉 리더는 다른 사람들로 하여금 항상 배우고자 하는 변화를 이끌어내며 자기 행동의 장기적인 영향까지 고려해야 한다.

미 육군의 특별한 리더십은 군 조직뿐만 아니라 나아가 미국 국민들과 산업분야의 리더, 중간 관리자, 아니면 일선의 고객서비스 관리자에 이르기까지 막강한 영향을 끼치고 있다. 미국이 세계 최강국으로 우뚝 설 수 있도록 제1의 기여를 한 단체로 꼽히고 있는 이유가 여기에 있다.

기업에게 있어 혁신은 회사의 발전과 궁극적으로 보다 많은 이윤추구를 향한 노력이라고 할 수 있다. 그렇다면 대중을 대상으로 한 혁신은 무엇이 있을까. 이는 2010년 팝계의 글로벌 트렌드로 떠오르고 있는 레이디 가가와 오늘날 미국을 세계 최강국으로 이끈 힘으로 꼽힌 미군의 리더십의 영향력이라 할 수 있다. 날카로운 칼을 들지 않아도 크게 소리치지 않아도, 가가의 노래와 일사분란한 군의 움직임 속에 사람들은 자연스레 혁신을 배운다. 영웅의 모습의 바로 여기에 있다. 굳이 나서지 않아도 자연스레 사라들에게 영향을 주는 힘. 그것은 파격과 리더십이라는 옷으로 갈아입은 혁신이 있기에 가능한 일이다.

남들이 가지 않은 길을 간다는 것

　교육은 백년대계百年大計라 했다. 하지만 우리나라 교육 현실은 백년이 아닌 십년도 내다보지 못하는 정책으로 혼란을 가중시킬 때가 많다. 공교육의 정상화를 위한 것이라고는 하지만 새로운 제도가 정착하기 위해서는 시간과 함께 보완이 필요한 것인데 너무나도 쉽게 바뀌고 있다. 이런 와중에 혁신을 통해 공교육의 희망을 보여주는 학교들이 있다.

　경기도 고양시 화정동에 있는 덕양중학교는 전체 학생수가 151명인 비교적 작은 학교다. 이 학교는 학생들의 성적이 떨어지고 학교 운영에 잡음이 끊이지 않자 2008년 초 학부모와 교사들이 직접 신임 교장을 공모하고 나섰다. 교장공모제 첫 시행으로 낙점된 김삼진 교장은 교장 자격증이 없는 18년 경력의 평교사였다. 하지만 김 교장의 부임 이후 덕양중학교는 크게 달라졌다. 김 교장은 취임 초부터 교직원과 워크숍을 통해 1년 교육과정을 수립했다. 초임 교사도 자유롭게 발언할 수 있는 분위기를 만드는 데 노력했다. 또 문자서비스를 통해 교육활동을 학부모들이 알 수 있도록 했다. 교사가 가정방문과 상담을 하는 것은 기본. 대학생 멘토를 활용해 학생들을 지도하도록 했다. 학부모 아카데미를 통해 바람직한 자녀교육을 위한 학부모교육도 실시했다. 외부단체와 자원을 적극 활용했다. 놀이미디어교육센터, 사이버외교사절단 반크, 인텔코리아, 국립암센터 등 학교 밖 교육자원이 총동원됐다. 학교가 달라지자 아이들도 달라졌다. 2007년 22건의 학생징계가 1년 만에 1건으로 줄었다.

　경기도 광주시에 있는 남한산초등학교는 학생 25명 내외의 작은 학

급으로 구성된 자그마한 학교였다. 2000년 폐교 직전까지 갔던 학교
는 올해 학생수가 150여 명으로 늘었다. 변화는 지역 시민단체와 학부
모들이 함께 '학교 살리기 운동'을 하면서부터 일기 시작했다. 교육
환경 개선을 위해 낡은 조회대와 입간판, 전시성 시설물 등을 철거하
고 숲속 놀이터, 야외학습장, 연못, 농사 체험장 등을 설치했다. 교실
에는 온돌바닥에 개인 책상과 사물함, 신발장이 구비됐다. 권위적인
행사나 의식은 사라졌다. 주번, 애국조회, 체벌이 폐지됐고 경쟁, 서열
평가도 없앴다. 교육 내용은 주제중심으로 통합학습이 이루어지도록
했다. 교사를 지치게 하는 공문, 잡무, 출장 등은 대폭 줄였다.

경기도 양평의 조현초등학교는 선생님, 학부모, 학생과 함께 '큰 꿈
을 꾸는 작은 학교'를 만들어가고 있다. 이 학교는 전통적인 수업방식
과 내용에 많은 변화를 주었다. 우선 2교시 후에 학생들에게 30분간의
중간 놀이시간이 주어졌다. 공을 차거나 책을 읽거나 무엇을 하든지
학생들이 자유롭게 선택할 수 있도록 하고 있다. 밤 9시까지 운영하는
'꿈나무 안심학교'는 무엇보다 맞벌이 부부들의 적극적인 지지를 받
고 있다. 또한 '작가와의 만남'을 통해 학생들이 독서에 흥미를 가질
수 있도록 유도하고 있으며 독서나 학습지도, 밴드, 볼링, 마음공부 등
학부모를 위한 동아리도 운영하고 있다. 최근에는 혁신학교로 지정되
면서 100명이던 학생수가 전학 희망자의 증가로 70여 명이나 늘어 근
처 집값도 덩달아 올랐다.

공교육의 위기에 대한 문제 제기는 하루 이틀의 일이 아니다. 입시
제도를 개선해 보기도 하고, 사교육을 더욱 강력히 규제하는 방안들이

쏟아져 나고 있기는 하지만 변화는 미미한 실정이다. 교육 현실이 쉽게 바뀌지 않는 것은 어찌 보면 당연하다. 아무리 입시 제도를 개선하고 사교육을 규제해도 교육의 현장인 학교가 변화하지 않는다면 소용없기 때문이다.

교육의 변화는 학교에서부터 이루어져야 한다. 그런 의미에서 최근 시도되고 있는 혁신학교의 의미는 상당하다. 아직은 공교육의 틀을 새롭게 제시하고 수행하는 새로운 프로젝트이자 실험에 불과하지만 성과는 무시할 수 없는 수준이다. 혁신학교는 새로운 교육에 목말라 하는 학부모들에게 가뭄 끝에 찾아온 단비와 같은 존재이다.

르네상스기 이탈리아의 작가이자 정치가였던 마키아벨리는 "이 세상에서 가장 무서운 것은 가난도 걱정도 병도 슬픔도 아니다. 그것은 생에 대하여 권태를 느끼는 것"이라고 말했다. 또한 영국의 역사학자 토마스 칼라일은 "똑같은 일을 반복하며 또 반복하며 다른 결과를 기대하는 것은 어리석은 짓"이라고 했다.

나의 삶에 권태를 느낀다는 것은 정말로 우울한 일이 아닐 수 없다. 권태기를 겪고 있는 부부사이는 소원해질 수밖에 없듯 나와 삶의 관계도 마찬가지기 때문이다. 이런 상황에서 살아갈 어떤 동력을 찾을 수 있겠는가. 어제와 오늘이 같고, 오늘과 내일이 같은 것은 또 얼마나 지루하면서도 희망을 기대할 수 없는 삶인가. 어차피 내일도 삶은 개선되지 않을 것이라고 자포자기 하는 것은 너무도 비참한 노릇이다.

영웅들은 인생이 지루해지는 것을 참을 수 없어 한다. 그래서 끊임없이 새로운 것에 도전한다. 그들에게 있어서 끝이란 없다. 모든 것은 그저 연장선상에 있을 뿐이다. 아무리 큰 성공을 거두었더라도 그 성공이 오늘도 내일도 똑같이 반복되는 걸 두고 보지 않는다. 더 큰 성공을 거두었을 때 얼마나 큰 성취감을 느낄 수 있는지 잘 알고 있기 때문이다. 혁신은 그야말로 남들이 가지 않은 길을 가는 것이다. 그리고 지속적인 성공을 보장한다. 계속 성공하고 싶다면 계속 혁신해야 한다.

Step 7. 배고픔을 기억하라

7장

오늘 강조하고 싶은 것은 허.. 이 헝그리 정신에 관해서야. 헝그리, 배가 고프다는 뜻이지, 헝그리. H.U.N…. 머, 니들 일주일째 짱깨, 컵라면만으로 이렇게 때우는 거 잘 알어. 물론 흰 쌀밥에 고깃국 먹고 싶겠지. 음? 그거 참는 것도 일종의 훈련이야, 훈련, 어? 니들 한국복싱이 잘 나가다가 요즘 왜 빌빌대는 줄 아나? 다 헝그리 정신이 없기 때문이야, 헝그리 정신! (중략) 지금 짜짜짜짜짱깨 먹던 시절, 커커컵라면 먹던 시절, 우리가 산에서 뱀 잡아먹고 개구리 잡아먹던 시절 절대 이저이이이잊어서는 절대 안 돼. 어? 그 저절대 잊어서는 안 돼. 내내가 늘 강조하지만 자자잠자는 개한테는 결코 결코 햇빛은 비추지 않아. 햇빛!

_ 영화 〈넘버3〉 송강호 대사 중에서

개집 안에 틀어박혀 잠만 자는 개는 햇빛을 맞이할 수가 없다. 아니, 햇빛의 존재 자체가 아무런 의미가 없다. 개집 밖으로 한 발만 내디디면 무한히 쏟아지는 햇빛 속에서 주인의 사랑을 받으며 힘차게 뛰놀 수 있을 것인데, 캄캄한 개집 안에서 잠만 자면 그 어떤 혜택도 누릴 수가 없다. 사람도 마찬가지다. 배가 좀 부르다고 방 한 구석을 차지하고 드러누워 잠만 잔다면 햇빛은 당신에게 아무런 의미도, 기회도 되지 못한다.

당신이 움직이지 않는 동안 성공은 그 자리에 머물러 있지 않는다. 당신보다 성공을 간절히 원하는 이에게 달려간다. 스탠포드대학 졸업식에 초대를 받은 애플의 최고 경영자 스티브 잡스는 졸업축사 마지막에 이렇게 말했다. "끊임없이 갈망하며 바보처럼 도전하라!"

죽기 살기로 덤벼보자

2005 콘텐더 시즌1의 우승으로 100만 달러의 상금을 받은 서지오 모라는 이전까지 2만 달러 정도의 수입을 올리던 로컬 복서였다. 2000년 시드니올림픽 때 미국의 복싱 대표팀 선발전에서 예선을 통과하는 등 유망주로 떠올랐지만 프로로 전향해서는 그리 좋은 반응을 얻지 못했다.

하지만 콘텐더의 출연으로 그는 일약 스타복서로 등극했다. 또한 뜻하지 않은 부를 누릴 수 있게 되었다. 부상으로 받은 도요타 트럭 2대 외에도 어마어마한 상금으로 어머니와 자신의 집을 사고 체육관을 짓는 등 생애 처음으로 자신이 하고픈 모든 것을 거침없이 추진해 나갔다. 연이어 벌어진 피터 만프레도와의 재대결도 흥행에 성공해 대전료로 기본 30만 달러를 받는 A급 복서로 성장했다.

그러나 이런 갑작스런 부의 획득이 그에게 좋은 결과만을 안겨준 것은 아니다. 85만 달러란 거액의 대전료를 제시받으며 저메인 테일러와의 시합을 제의 받았지만 이미 가진 것만으로도 충분함을 만끽한 그는 싸워야 할 이유를 찾지 못했고, 그 시합을 거절했다. 그의 거절로 기회를 잡은 켈리 파브릭은 테일러를 녹아웃 시킴으로써 스타덤에 올랐다.

서지오 모라의 성공은 어쩌다 운 좋게 얻은 것이 아니다. 사실 그의 펀치력이 그다지 강한 편은 아니지만 기량은 현 미들급에서 상당히 상위권에 드는 훌륭한 복서의 자질을 갖춘 선수였다. 하지만 훌륭한 자질을 가진 복서라도 투지가 없다면 무슨 소용이 있겠는가.

서지오 모라 자신도 인터뷰에서 프로 데뷔 초창기에 가졌던 '죽기 살기로 덤벼보자' 라는 정신이 헤이해졌음을 고백했다. 다행히도 그는 자신의 문제점을 빨리 깨달아 초심으로 돌아갔다. 그리고 더 이상 도전을 피하지 않는 진정한 챔피언으로 거듭났다.

과거 배고프던 시절 우리나라에서 복싱이 헝그리 스포츠의 대표로 불렸다면, 브라질에선 단연 축구라 할 수 있다. 브라질에서 축구 선수로 성공하는 것은 가난한 소년이 신분을 상승시킬 수 있는(브라질 사회는 10%의 부유층과 90%의 극빈층으로 구성) 유일한 기회라 할 수 있다. 브라질 소년들은 유럽의 클럽 팀에서 천문학적인 액수의 연봉을 받고 있는 브라질 선수들을 신으로 추앙하며 그들처럼 되고자 매일 같이 공을 찬다. 물론 현실은 항상 동화 같지는 않다. 외국에서라면 축구 신동으로 소개되어 매스컴의 스포트라이트를 받을 만한 소년도 제 때에 선택받지 못하면 부랑자가 될 수 있는 것이 브라질의 현실이다.

그래서 축구 선수를 꿈꾸는 브라질 소년들은 나이가 들수록 더욱 절박한 마음으로 강도 높은 훈련을 한다. 축구 밖에는 할 것이 없는 그들은 기적이 찾아올 날을 기다리며 그들의 인생을 걸고 밤낮없이 공을 찬다. 브라질에서 축구를 잘 하는 아이들이 흔하디흔한 만큼 외국 스카우터들의 눈에 띄는 것은 노력과 행운이 겹쳐야 가능한 기적에 가까운 일이다.

브라질 축구의 힘은 축구를 즐기는 데서 나오기도 하지만, 이런 처절한 헝그리 정신에서 연습을 게을리 하지 않는 소년들의 수고 또한 무시할 수 없는 원동력이다.

문제는 돈이 있고 없고가 아니다. 싸울 정신상태가 되어 있느냐가 중요하다. 배가 부르다고 더 이상 싸우기를 거부한다면 성취도 '끝'난다. 한 번 성취를 이루었다고 나태해져 또 다른 도전에 매진하지 않는다면 아무것도 존재하지 않았던 과거로 돌아가는 것은 시간 문제다. 현재의 배부름에 만족해 있다면 더 이상의 성공은 물론, 그 자리에 머물러 있는 것조차 힘들지도 모를 일이다.

여전히 가야 할 길은 멀다

이덕화, 전영록, 진유영, 이동진, 이승현, 김정훈 등 1970년대 은막

을 주름잡던 남자 하이틴 스타 중엔 송승환 역시 배우로서 녹록치 않
은 인기를 얻고 있었다. TV드라마를 비롯해 영화, 라디오 DJ, 음악프
로 MC는 물론 CF 등에서 주목을 받았지만 아버지의 사업실패로 20대
후반은 그의 연기 인생에 시련이 됐다.

하지만 그의 예술에 대한 열정과 광대의식은 단돈 3,000달러를 주머
니에 쥔 채 미국 뉴욕행 비행기에 몸을 싣게 만들었다. 4년여 동안 '작
품'을 찾아 이국의 무대를 섭렵한 뒤 그는 1989년 한국으로 돌아왔다.
목적은 단 하나, 제대로 된 공연작품을 제작하겠다는 것. 1992년 극단
'환 퍼포먼스'를 창단한 그는 1996년 12월 종합엔터테인먼트 공연기
획사인 'PMC프로덕션'을 설립했다. 그리고 이듬해 10월 건국 이래 가
장 성공적인 창작 공연예술작품으로 평가받는 비언어행위극, 넌버벌
Non-verbal 퍼포먼스 '난타'를 서울 호암아트홀에 올렸다. 주방을 무대
로 요리사들의 좌충우돌 해프닝을 코믹하게 드라마화한 '난타'는 전
통 사물놀이가 갖는 타악적 여흥과 리듬이 어우러지면서 국내 관객들
의 호평을 얻었다.

'난타' 기획 초기부터 해외시장을 염두에 두었던 송승환은 국내 무
대의 성공에 만족할 수 없었다. 하지만 검증되지 않은 작품으로 해외
시장의 문을 두드리기란 그리 쉬운 일이 아니었다. 그래서 세계적인
공연예술축제인 영국 스코틀랜드의 '애딘버러 페스티벌'에 참가해 그
진가를 인정받기로 했다.

예술성과 실험성을 추구하는 프랑스 아비뇽 페스티벌과 달리 상업
적인 공연물 유통시장 기능이 강한 애딘버러 페스티벌은 누구나 참가

할 수 있는 오픈형 '프린지 페스티벌'의 경우 극장주들이 예술감독으로 나서 현지 언론과 함께 흥행성 높은 작품을 선별하게 된다.

1999년 8월 송승환은 애딘버러 '프린지 페스티벌'에 참가하기로 결정했다. 문제는 페스티벌 '출전비용'이었다. 3억 원이라는 큰 돈을 구하기 위해 송승환은 동분서주했다. 우여곡절 끝에 문화관광부와 문예진흥원에서 2억 원을 지원받았지만 1억 원이 부족했다. 송승환은 평소 '난타'의 세계적인 성공을 확신했던 친구를 찾았다. 친구는 기꺼이 집을 담보로 은행에서 1억 원을 대출받아줬다.

당시 애딘버러 프린지 페스티벌 참가 작품은 1,200여 점. 그 많은 작품 중에서 '난타'를 알리기 위해선 홍보가 중요했다. 그러나 3억 원의 출전경비 마련도 겨우 한 송승환으로서는 홍보마케팅 비용을 책정할 여유가 없었다. 더군다나 배우와 스태프의 항공료, 숙박료, 극장 대관료 등을 제하고 나니 예산은 이미 바닥을 보였다.

그렇다고 영국까지 와서 먼 산만을 바라볼 수는 없는 일. 송승환과 공연단은 '대한민국 공연예술인들의 헝그리 정신'을 기억해냈다. 배고픈 연극판에서 작품을 알리기 위해 서울 신촌과 대학로, 종로 거리 등 사람들이 많이 모이는 곳 어디에든지 포스터를 붙이는 수고를 기꺼이 하지 않았던가. 이 헝그리 근성을 살려 배우와 스태프는 물론 송승환까지 나서 빨간 바탕화면에 4명의 동양인이 식칼을 들고 서 있는 '난타 포스터'로 애딘버러 시내 건물을 도배해 버렸다. 또 페스티벌 역사 52년 만에 한국 공연팀이 처음 참가한 것을 축하하며 페스티벌 위원회가 마련한 기자 시사회를 기회로 삼았다.

기자 시사회는 그야말로 '대박'을 터뜨렸고 언론이 부여하는 평점에서 최고점을 받았다. 이후 한 달 내내 전회 매진 행렬이 계속됐고 4차례 추가공연이 이루어졌다. 해외 공연계약도 줄을 이었다. 2000년에는 세계 정상급의 작품들만 참가하는 애딘버러 '국제 페스티벌'에 초청되면서 한국의 대표적인 공연예술작품으로 인정받았다.

이후 한국을 찾은 관광객을 위한 난타전용관을 개관해 연 100억 원 이상의 매출을 올리고 있으며 400만 달러 규모의 북미투어공연에 이어 공연기획자들의 꿈의 무대인 브로드웨이에 입성했다. 2007년 10월 탄생 10주년을 맞았을 당시 총매출은 700억 원, 공연 횟수는 9,957회, 관객 연인원 346만 2,735명을 기록했으며 지금도 여전히 기록을 갈아치우고 있는 중이다.

2002년 당시 월드컵 대표팀의 히딩크 감독이 16강, 8강 진입이라는 기록을 이루어내면서도 '아직도 배가 고프다'고 말한 것처럼 송승환은 "여전히 가야 할 길은 멀다."고 말한다. 그가 또 어떤 작품으로 세상을 놀래킬지 기대가 된다. '난타'로 큰 성공을 거뒀지만 대한민국 공연계에서 그가 이루어내야 할 성공은 여전히 무궁무진하다.

배고픔보다 못한 배부름

한 때 한 카드회사의 '부자되세요' 라는 광고문구가 인기를 끌었다. 보는 사람들마다 "부자되세요."라고 덕담을 아끼지 않았다. 그리고 부자가 되기 위한 가장 빠른 방법으로 '로또되세요.' 라며 서로를 격려했다. 부자가 되기 싫은 사람이 있을까. 숱하게 실패하면서도 사람들은 매주 토요일 오후가 지나면 또다시 로또복권을 산다. 설사 당첨이 되지 않는다하더라도 '1등이 되길 바라는 마음으로 복권을 쥐고 있으면 그 1주일이 행복하다'는 게 이유다. 그리고 1등으로 당첨이 되면 무엇을 할 것인가 하는 행복한 고민에 빠진다. 큰 집과 좋은 차를 사고, 못 사는 친척과 어려운 이웃에게 돈을 아낌없이 나눠주는 꿈도 꿔본다.

하지만 우리보다 복권의 역사가 수십 년 앞서는 미국이나 영국 등지의 당첨자들을 살펴보면, 역설적으로 당첨 후 인생은 행복보다는 불행한 경우가 더 많았다. 자살·이혼·마약·알콜중독·파산·감옥행…. 당첨 이후 삶에는 갖가지 그늘이 드리워져 있다.

평소 절친했던 친구나 가족들과 멀어지거나 극단적인 경우에까지 이를 수 있다는 것이 당첨자에게 닥쳐오기 쉬운 첫 번째 불행이다. 미국 뉴저지주에 사는 마이클 클린지비엘은 지난 1997년 복권에 당첨된 뒤 어머니와의 대화가 단절되었다. 당첨 직후 "복권을 사는 데 매달 20달러씩을 보탠 만큼 당첨금 220만 달러 중 내 몫을 달라"는 어머니와의 분쟁이 소송으로 번졌기 때문이다. 2년 뒤인 1999년 아들이 어머니에게 50만 달러를 지급하기로 합의함으로써 소송은 끝났지만 이미 모자간의 관계는 말 한 마디 나누지 않을 정도로 완전히 금이 가고 말았다.

미국 플로리다에 거주하는 주부 버니스 헤슬롭도 지난 1995년 복권으로 2,850만 달러의 거액을 거머쥐었지만 남편과 갈라서고 말았다.

남편은 당첨 직후 거액을 나눠 달라는 소송을 냈고, 지난 2000년 6년을 끌어온 지루한 법정 공방 끝에 당첨금 일부를 나눠주는 것으로 합의를 했다. 그러나 길고 긴 법정 싸움으로 인해 남보다 못한 사이가 된 이들 부부는 합의 직후 이혼했다.

2004년 7월 어머니를 살해한 박 모 씨를 조사하던 경찰은 그가 로또 1등 당첨금 30억 6,000만 원 가운데 세금을 공제한 21억여 원을 수령한 사실을 밝혀냈다. 경찰은 어머니 살해 현장에서 수습한 지갑에서 로또 당첨번호를 발견했고, 지갑주인을 찾아 당첨금을 주인에게 돌려주었다. 이 패륜아는 돈도 쓰지 못한 채 존속살해 및 절도죄로 무기징역을 선고받았다.

2005년 A씨는 로또 1등에 당첨돼 세후 18억 9천만 원을 받아 그 돈을 아내의 통장에 입금했다. 그런데 아내가 A씨에게 돈을 돌려주지 않자 형사고발을 했다. 결국 A씨의 아내는 1년 6개월의 실형을 받아 교도소에 갇히는 신세가 되었고 가정은 파탄이 났다.

하버드대학 대니얼 길버트 교수(심리학)는 "당첨은 좋은 차를 가져다줄지는 모르지만 신뢰, 가족, 우정 같은 인간적 가치를 파괴하는 경우가 많다."며 "이는 평소 유머감각 등 다른 이유로 당첨자를 좋아했던 사람들이 이제는 당첨자가 자기에게 무엇을 해줄 것인가에 대해서만 생각하기 때문"이라고 말했다. 주변 사람들의 이런 기대를 충족시켜 주지 못하면 갈등이 생겨나 결국 관계가 파탄에 이른다.

극도의 신변 불안과 공포에 시달리면서 술이나 마약을 탐닉하는 이들도 있다. 1990년대 초 4,530만 달러의 복권에 당첨됐던 톰 티히(미국

캘리포니아주)의 가족들은 당첨 직후부터 가까운 쇼핑센터에 나갈 때도 경호원을 대동한다. 신원이 알려지면서 얼굴도 모르는 친척과 절망에 빠진 낯모르는 사람들까지 집에 찾아와 손을 벌렸고, "돈을 주지 않으면 죽여버리겠다"는 협박 전화도 수시로 걸려왔기 때문이다. 티히는 이후 무기를 소지한 채 생활하고 있고, 배달돼 오는 우편물도 폭발물이 있는지 일일이 검사하고 있다. 그는 외신과의 인터뷰에서 "우리 가족은 부가 얼마나 사람을 추악하게 하는지를 당첨 이후에야 알게 됐다"고 말했다.

영국 버밍엄시에서 복권으로 백만장자가 된 필 키천은 자신의 집 소파에서 숨진 채 발견됐다. 1999년 목수일을 하다 180만 파운드의 복권에 당첨된 그는 당첨 이후 거의 집밖에 나오지 않은 채 술독에 빠져 살면서 알콜중독자가 되어 기관지성 폐렴으로 외롭게 세상을 떠났다.

주체할 수 없는 소비 욕구로 인해 수년 내에 빚더미에 오르는 당첨자도 속출하고 있다. 2006년 로또 1등에 당첨돼 19억 원을 받은 B씨는 이후 룸살롱과 도박에 빠져 당첨금 대부분을 날린 뒤 화려하던 생활을 잊지 못하고 금은방에서 수십 차례 금품을 훔치다 구속되기도 했다. 미국에서는 사기 혐의로 FBI의 1급 수배 명단에 오른 당첨자도 있었다.

뉴욕 로스쿨에서 파산문제를 가르치고 있는 카렌 그로스 교수는 "갑작스럽게 생긴 부를 효율적으로 사용하지 않고 낭비벽에 빠지면 천문학적인 당첨금도 금세 사라질 수밖에 없다"며 "시기의 차이는 있지만 대체로 복권 당첨자의 3분의 1 정도가 파산하는 것으로 조사됐다"고 말했다.

사람의 욕심에는 끝이 없다는 말이 맞는 듯하다. 복권을 사들고 1등을 꿈꾸며 당첨될 경우 어떻게 할 것인가에 대해 얘기할 때는 주변사람들에게 팍팍 인심 쓸 것을 약속하며 모두들 화기애애하다. 하지만 정작 그것이 현실로 이루어졌을 때는 상황이 달라진다. 누군가 알까봐 쉬쉬하고 혼자서 독차지하기 위해 부모도, 아내와 남편도, 심지어 자식까지도 원수로 만들어버린다. 복권에 당첨되면 행복할 것이라는 사람들의 예상과 달리 복권은, 스스로 노력하지 않고 얻은 부로 불행의 씨앗이 되고 만다.

배부름에 안착하는 것은 스스로를 파멸의 길로 인도하는 것과 다르지 않다. 배고픔을 이기기 위해 끊임없이 노력했던 것을 늘 기억해야 한다.

부족해야 움직이는 힘이 생긴다

영화 〈블러드 다이아몬드Blood Diamond〉의 배경은 아프리카의 작은 나라 시에라리온이다. 이 나라는 내전으로 오랜 기간 분열되어왔다. 시에라리온 내전은 '살육과 광기'의 전쟁으로 악명 높다. 아직도 도심 곳곳에서는 팔목과 다리가 잘린 사람들을 많이 볼 수 있다. 반군들은 마을을 약탈하면서 조직적으로 남자들의 팔목을 잘랐기 때문이다. 농경사회에서 팔목이 잘려 일을 할 수 없다는 건 곧 '죽음'을 뜻했다.

마찬가지로 여자들에게는 치욕스럽고 조직적인 집단 성폭행이 자행됐다.

피를 부른 살육의 이유는 다름 아닌 다이아몬드 때문이다. 아프리카 북서부지역은 한 해 시장에 나오는 다이아몬드의 1/5 정도를 공급한다. 반군들도 처음에는 다이아몬드를 판 돈으로 무기를 사서 정부군과 싸웠다. 하지만 시간이 지나면서 다이아몬드가 목적이 됐다. 자신이 장악한 다이아몬드를 지키기 위해 이유 없이 사람들을 죽였다. 이런 일은 시에라리온뿐 아니라 이웃 라이베리아, 앙골라, 콩고민주공화국에서도 똑같이 반복됐다.

영국 등 선진국의 다이아몬드 회사들은 시에라리온 부족들과 음성적으로 거래를 하고 그 다이아몬드를 소비자들에게 판매했다. 정부 엘리트들 역시 다이아몬드에 의존하여 경제를 유지하고 자기이익을 채우기 때문에 이런 현실에 제동을 걸지 않았다. 그러다보니 다이아몬드가 나올수록 시에라리온 사람들은 더 가난해졌다. 평균수명 34세, 1인당 국민소득이 14만원에 불과한, 세계에서 가장 가난한 나라가 바로 시에라리온이다.

시에라리온은 비가 충분히 내리는 데다 땅질이 좋아 아프리카에서는 가장 농사짓기 좋은 곳이라고 한다. 하지만 시에라리온에서 농사를 짓는 사람들은 없다. 모두 다이아몬드 광산에서 일을 한다. 다이아몬드 채굴업자가 백만 명이 넘지만, 허가받은 사람은 천여 명뿐이다. 결국 허가받지 못한 다이아몬드들이 밀수출에 의해 유통되면서 그래서 시에라리온의 경제 악순환은 반복되고 있다. 다이아몬드의 검은돈으로 무장한 사람들은 힘없고 굶주린 사람들을 총칼로 위협하고 있다. 시에라리온에서 다이아몬드는 '아름다움'의 상징이 아니라 '피'의 상 징이다.

자원이 이득보다 피와 가난을 가져오는 상황을 정치학에서는 '자원 의 저주Resource curse'라고 부른다. 자원의 저주는 비단 아프리카에만 해당되지 않는다.

1960년대 말 석유를 발견하여 엄청난 경제적 효과가 예상됐던 중 동국가는 자원의 저주를 몸소(?) 실천한 대표적 사례다. 금융전문가 조지 소로스의 분석에 따르면, 중동 국가는 당시 자원 빈국으로 불렸 던 한국과 대만보다도 오히려 경제성장에 있어서 약 23배 정도 뒤떨 어졌다. 또한 매년 유엔이 발표하는 인간개발지수(정치발전수준, 교육기 회, 영아 사망률 등)에서 중동국가들은 후진국 수준에 머물러 있었다.

그렇다면 자원의 저주가 빚어지는 이유는 무엇일까. 그것은 생산의 대부분을 지하자원에 의존하기 때문에 서비스업이나 제조업 등 다른 산업의 발전이 더디기 때문이다. 또 자원을 선점한 기업은 채굴 외에 어떠한 투자도 하지 않아 기술 발전이 느린 편이고, 정부 역시 주어진 이익만 챙기고 다른 산업에 크게 신경을 쓰지 않는 경향이 있다. 게다 가 자원 국가들은 석유 하나로 막대한 부를 축적하기는 했지만 분배가 제대로 이루어지지 않고 극히 일부 계층만이 부를 독점해 빈부 격차가 극심하다.

중동과 아프리카, 중남미 자원 부국들이 한국이나 대만 등 자원 빈 국들보다 경제성장과 발전이 크게 뒤지는 현실은 분명 '풍요의 역설'

이다. '바보들의 황금'으로 놀림받기도 한다. 석유 수출대금이 쏟아져 들어와도 이를 제대로 관리할 공공부문이 없고 소수의 특권층에 부가 몰리면서 대다수 국민이 빈곤에 허덕이는 나라들을 가리켜 '석유국가Petro-state'라 부른다.

자원의 저주는 부패 심화와 경제성장 저해만이 아니라 많은 경우 자유와 민주주의 신장을 지연시킨다. 석유나 광물자원의 수출에 과다 의존하는 나라일수록 민주화에 소극적이며 국제유가와 산유국 내 자유는 반비례한다는 조사 결과도 주목을 끈다. 자원 부국의 위정자들이 국민들에게 환심을 사기 위해 세금을 거두지 않고 막대한 자금 공세로 민주화 욕구를 잠재우며, 경찰과 보안 및 정보 부문에 과다 투자해 민주화 운동을 원천봉쇄하기 때문이다.

우수 인재들이 특정자원 부문에 편중돼 국가 인적 자원 배분이 왜곡되고 교육을 게을리 해 성장 및 발전 동력을 스스로 고갈시킨다. 제2의 산유국으로 석유·가스가 버팀목인 러시아는 전체 근로자 6,700만 명 중 이 부문에 고작 200만 명을 고용한다.

페르시아만 아랍 산유국 가운데 자유공명선거를 처음으로 실시한 나라는 바레인이었다. 여성이 입후보하고 현대식 노동법도 도입되었다. 이 지역에서 가장 먼저 석유자원 고갈이 예상되는 나라가 다름 아닌 바레인이라는 사실은 시사하는 바가 크다.

천혜의 부존자원을 축복으로 만드는 데 성공한 나라가 노르웨이다. 석유의 첫 발견과 동시에 이를 국민들 공유재산으로 입법화하고 모든 석유판매 수입을 국가석유기금에 별도로 예치해 정치로부터 중립적인 중앙은행(노르웨이은행)에 관리를 맡기고 있다. 1905년 유럽 최빈국에서 오늘의 고복지 선진민주국가로 우뚝 선 데는 석유자원의 현명한 관리가 큰 몫을 했다. 노르웨이와 칠레가 석유와 구리로 얻은 수입을 복지와 교육정책에 쏟아 부었다는 사실은 자원의 저주가 획일적이지 않다는 것을 보여주는 단적인 사례이다. 즉 정치엘리트의 정치의식수준과 개혁의지가 국가발전에 얼마나 필수적 요소임을 단적으로 보여준다.

부자의 욕심에는 그 끝이 없다고 한다. 하나에 만족하지 못하고 둘을 원하는 게 사람의 욕심이다. 하지만 자신의 노력으로 이루지 않은 성공은 금새 무너지게 되어 있다. 또 다른 목표를 향해 새로운 도전에 나서야 한다. 영웅이 가장 조심해야 할 것이 바로 넘침이다. '이것으로 됐다'고 생각할 때 당신은 이미 아래를 향해 곤두박칠 준비를 하고 있는 것이나 마찬가지다. 현재에 만족하고 안주할 때 더 이상 전진은 있을 수 없다.

배부른 자는 양식을 찾기 위해 부지런히 움직이려 하지 않는다. 부단한 노력이 함께 하지 않는 영웅의 자리는 위태롭다. 영웅은 항상 배고픔에 목말라 해야 한다.

사랑에 빠진 첫 번째 증상은 욕망이다. 사랑의 욕망에는 끝이 없다. 사랑하면 할수록 더 사랑받고 싶고 이렇게 끊임없이 일어나는 갈망은 연인 사이를 점점 달구어주는 엔진과 같다. 이 엔진이 꺼지는 순간 사랑은 순식간에 식어버리고 이별의 길에 들어서게 된다. 성공에 대한 갈망도 이와 같다. 연인을 사랑하는 마음으로 성공을 사랑하고 끊임없이 더 큰 성공을 추구해야 한다. 어느 정도에 만족하고 '이만하면 되었다' 생각한다면 그 순간 당신은 달콤한 성공과 영원히 안녕을 고하게 된다.

1982년 톰 피터스는 최고의 DNA를 가진 초우량 기업 46곳을 선정했다. 하지만 이 중 최근까지 살아남은 기업은 몇 곳일까. 놀랍게도 그 확률은 20퍼센트에도 미치지 못하는 6곳이다. 그 많던 초우량 기업들은 모두 어디로 갔을까.

프랑스의 지성, 장 폴 샤르트르는 "아버지가 아들에게 줄 수 있는 가장 큰 선물은 아버지가 일찍 죽는 것"이라고 했다. 그렇다면 사랑하는 아들을 위해 이 세상의 모든 아버지들은 자살이라도 해야 하는 것일까.

어린 시절 아버지가 돌아가신 이들이 겪어야 하는 삶의 고통에 대해 생각해 본 적이 있는가. 아버지가 막대한 유산을 남겨주지 않은 이상 그들의 삶은 다른 평범한 이들에 비해 사소한 것 하나까지도 고되고 힘들다. 그렇기에 따뜻한 밥 한 끼, 편안한 잠자리가 얼마나 소중하고 감사한 것인지도 잘 안다. 그래서 그들은 부른 배를 끌어안고 쉽게 뻗어 버리지 않는다. 꾸준히 더 나은 것을 향해 전진할 수 있는 원동력도, 부른 배를 끌어안고 뻗어 버리지 않는 자세도 성공에 대한 갈망에서 나온다.

세상에는 수많은 기업들이 있고, 그들은 생존을 위해 그야말로 치열한 전쟁을 벌이고 있다. 쉽게 말해 적자생존, '강한 놈만이 살아남는다.’ 여기서 강하다는 말은 남들과는 차별화된 경쟁력을 갖추고 있다는 말이다. 차별화된 경쟁력은 꾸준히 더 나은 것을 향해 전진할 때 가능하다. 그렇지 못했을 때 어떤 결과가 초래되는지는 초우량 기업 46곳 중 사라진 40곳이 증명하고 있다.

언제나 초심을 잃지 않고 연인을 사랑하듯 더 열렬하게 자신의 목표를 사랑해야 한다. 그래야 성공과 당신의 관계는 오래도록 지속될 수 있다.

8장

Step 8. 크게 생각하고 작게 실천하라

미국 부동산 재벌 도널드 트럼프는 "무슨 일이 있어도, 크게 생각하라."고 외친다. 얼마나 크게 생각하느냐가 결국 얼마나 크게 이루는지를 결정하기 때문이다. 그에게 큰 생각은 인간의 모든 성취 뒤에 존재하는 추진력이다.

누구나 성공을 꿈꾸고 최선을 다한다. 하지만 성공을 이룬 사람은 극소수다. 왜 최선을 다했는데 누구는 되고 누구는 안 되는 것일까? 엄청난 파산 위기를 극복하고 세계 갑부의 자리를 지키고 있는 도널드 트럼프는 그 차이가 '기존의 실패와 성공을 뛰어넘어 반드시 해내는 강한 마음'에 달려있다고 말한다.

트럼프는 먼저 '최선'에 안주하지 말라고 강조한다. 당신이 말하는

‘최선’은 정말로 최선이 아닐 수도 있다. ‘반드시 해내겠다.’고 작정하라고 조언한다. 또 아티스트처럼 일하라고 권한다. 최고의 경지에 도달하기 위해 모든 것을 희생하고 섬세하게 훈련하는 예술가처럼 자신의 비즈니스 기술을 끊임없이 갈고 닦아야 한다.

그에 따르면 극소수 사람들만이 큰 성취를 이루는 이유는 극소수 사람들만이 큰 목표를 갖고 있기 때문이라고 한다. 부동산 사업을 예를 들자면, 보통 사람들은 두려움 때문에 요지보다 변두리에서 큰 것보다 작은 규모의 일을 추진하려고 하지만 트럼프는 다르다. 언제나 그는 핵심 요지(미국이면 뉴욕, 뉴욕이면 맨해튼)에서 뭔가 기념비적인 건물, 큰 노력을 들일 만한 가치가 있는 큰 건물을 지어야 만족한다. 그의 꿈은 미국뿐만 아니라 우리나라를 비롯한 세계 곳곳의 요지로 뻗어 있다. 그야말로 큰 생각이 큰 성공을 이룬다.

모든 주목할 만한 성공의 한가운데에는 보다 큰 사고思考와 큰 목표 설정이 있었다. 크게 생각하다가는 실패할 확률 또한 더 크다며 작게 생각할 것을 종용하는 어떤 사람이나 환경은 그저 당신의 성공을 가로막기 위한 장애물일 뿐이다. 특히 ‘나는 필요한 조건을 갖추지 못했어’라는 감정이 고개를 쳐들 때, 크게 생각하는 것이 무엇보다 중요하다. 자신이 약하다고 생각하면 실제로 그렇게 된다는 것을 기억하라. 자신이 부적격하다고 생각하면 실제로 그렇게 되는 법이다. 또한 자신이 이류 인생이라고 생각하면 실제로도 그렇게 된다. 당신은 충분히 큰 생각을 이룰 수 있는 사람이다.

보다 큰 성취를 이루기 위해 큰 생각을 품었다고 해도 이것을 이루기 위한 계획은 아주 작은 것에서부터 시작된다. 큰 생각일수록 이것을 이루기 위한 계획은 보다 세밀하게 진행해야 한다. 드넓은 바다도 작은 도랑물이 시내를 이루고 강물로 흘러들어 비로소 바다를 이루는 법이다. '티끌 모아 태산'이라는 말이 있다. 이는 비단 저축에 한정된 이야기가 아니다. 티끌 같은 작은 성과들이 모이고 모여 태산 같은 큰 성공을 이루어낼 수 있다는 것을 의미하기도 한다. 당신이 지금 행하고 있는 작은 노력들은 당신의 큰 생각을 성취라는 도착점으로 보다 빠르고 안전하게 이동시켜줄 '날개'가 된다.

큰 생각을 만든 작은 계획

과학과 함께 지구는 눈부신 발전을 이루고 있지만 동시에 점점 병들어 가고 있다. 많은 사람들이 병든 지구를 살려야 한다는 취지에는 동감한다. 하지만 정작 생활 속에서 가장 기본적인 실천조차 제대로 이루어지지 않고 있는 것을 생각하면 지구는 여전히 매우 위험한 상황에 처해 있다고 볼 수 있다.

사람들은 지구를 보호하는데 굉장한 프로젝트가 필요할 것이라고 생각한다. 국제적으로 아마존 밀림이 줄어들고 남극의 얼음이 녹고, 이상 기후가 발생하는 것 등의 문제에 대한 해답을 찾고 있는 것도 사실이다. 하지만 지구를 보호하는 일은 과학자들만의 몫이 아니다. 과학자들이 지구의 온난화를 막기 위한 프로젝트를 수립한다고 해도 휴지 한 조각, 종이 한 장이 어디서 왔는지 자각하지 못한다면 무슨 소용이 있을까. 더운 날씨를 탓하며 우리가 여전히 에어컨 사용에 대해 진지하게 고민하지 않는다면 과학의 힘만으로 우리의 지구를 지킬 수는 없다. '지구를 보호하자'는 원대한 생각은 결국 '작은 생활 습관'들을 고쳐나가는 것에서 시작될 일이다.

무엇보다 작은 한 걸음이 중요한 스포츠가 있다. 42.195킬로미터의 대장정을 인내해야 하는 마라톤이 그렇다. 요즘 '마라톤'을 하는 이들이 많이 늘었다. 건강을 지키기 위한 목적도 있겠지만 자신과의 싸움에서 이기고자 하는 목표의식이 더한 매력으로 다가오는지 모른다. 기록경기임에도 불구하고 완주 자체에 큰 의미를 부여하는 것도 자신과의 싸움에서 이긴 것에 대한 자축의 의미가 더 크다.

물론 처음 마라톤을 시작하는 사람이 42.195킬로미터를 완주하는 것은 쉬운 일이 아니다. 만약 첫 도전에서 이 거리를 완주하려 달려든다면 아마도 100퍼센트 당신은 구급차의 신세를 지게 된다. 마라톤대회가 있을 때마다 심장마비로 운명을 달리한 사건이 심심찮게 들려오는 것도 준비되지 않은 상태에서 과한 욕심이 부른 결과라 할 수 있다. 마라톤 완주의 거대한 꿈을 실현하기 위해서는 면밀한 운동 계획과 함께 꾸준한 연습이 뒤따라야 한다. 1킬로미터, 5킬로미터, 10킬로미터, 하프코스의 단계를 천천히 밟아나가면서 몸을 만들어갈 때 42.195킬로미터 완주의 꿈은 이루어질 수 있다.

'한 걸음이 중요한' 마라톤의 원리는 대한민국이 언제나 올림픽 종목에서 우승을 놓치지 않고 강세를 유지하고 있는 종목에도 동일하게 적용된다. 바로 '한 발이 중요한' 양궁이다.

우리나라의 양궁이 세계 최상위를 유지할 수 있는 비결은 어디에 있을까? 우리 민족이 동이족東夷族이라 불리며, 동쪽의 활을 잘 쏘는 민족의 유전자를 가졌기 때문일까?

우리나라 양궁 선수들의 진정한 힘은 바로 뼈를 깎는 노력과 치밀한 전략의 결과다. 매일 새벽 5시 반에 훈련이 시작되면 저녁 8시에 하루의 훈련을 마치고 2시간 동안 자유 시간을 가진 후 밤 10시에 잠자리에 드는 것이 양궁 선수의 하루이다. 그러나 힘든 훈련을 마치고 꿀맛 같은 2시간의 자유시간도 자진 반납하며 야간 훈련에 매진할 정도로 선수들은 엄청난 경쟁 속에서 살아간다. 뜨거운 열정이 없다면 이런 경쟁에서 단 하루도 버틸 수 없다. 올림픽에서 우승하는 것보다 국가대표가 되기가 더 힘들다는 말이 있을 정도로 우리나라 양궁 국가대표는 열 달간 열 번의 대회를 치러 선발된다. 1차전부터 7차전까지 체력, 정신력, 담력, 집중력, 근성, 환경변화에 대한 적응력을 보기 위한 경기를 펼쳐 남녀 각 4명의 선수들을 선발하고 거기에 긴장으로 실수를 하는 선수를 구별해내기 위해 국내대회 한 번, 국제대회 두 번을 더 치른 후 종합 점수를 매겨 나머지 한 명을 걸러내 최종적으로 남녀 각 3명이 올림픽 대표선수로 정해진다.

국가대표 선발전은 선수간의 경쟁도 치열하지만 상상을 초월하는 경기장의 조건을 견뎌내는 것도 관건이다. 말하자면 11월의 매서운 강추위 속에서 반팔 티셔츠만 입고 8시간 동안 경기를 치른다든지, 천둥 벼락이 치고 비바람 및 돌풍이 휘몰아치는 날 경기를 한다든지, 건설현장을 능가하는 소음 속에서 경기를 진행하는 것 등이다. 혹독한 선발전을 거쳐 대표선수로 발탁 된 후 그 다음부터는 그야말로 본격적인 지옥훈련에 들어간다.

건장한 남자도 초죽음이 되어서 나온다는 공수특전단 훈련, 북한 침투 특수부대원을 위해 만들어진 북한 침투병 훈련 과정, 서부 최전선 부대에서 실탄 지급받고 GOP로 들어가 경계근무를 서는 훈련, 65미터 높이의 번지 점프대에서 뛰어 내리기, 추운 겨울날 26킬로미터 행군, 여름날 제주도에서 무박 3일로 한라산 정상에 올라가기 등 일반인이라면 단 하나도 경험하기 힘든 훈련을 남녀, 선후배, 나이와 관계없이 버텨낸 후 올림픽 경기에 출전한다. 10점을 향한 결정적인 1발 뒤에는 이와 같이 수많은 한계 상황을 극복해 낸 1,000발의 열정이 있다.

낭만주의의 절정을 이루었던 19세기를 대표하는 바이올리니스트 파블로 데 사라사테는 "사람들은 내가 지난 37년 동안 하루에 14시간씩 연습한 건 생각지도 않고 천재라 부른다."며 씁쓸해 하곤 했다. 이 자리에 서기까지 홀로 싸워야 했던 많은 시간들을 몰라주는 사람들에 대한 섭섭함의 표현이다.

이 세상 어떤 위대한 생각도 한 번에 이룰 수 있는 것은 없다. 우리가 열광하는 박지성의 강철체력과 순발력은 그가 천재이기 때문에 그냥 '뚝딱' 만들어진 것이 아니다. 훈련에 훈련을 거듭한 결과일 뿐이다. 위대한 성공을 이루기 위한 면밀한 계획과 그 계획들을 꾸준히 실천해 나갈 수 있는 인내가 필요하다. 최고가 되는 것은 작은 습관과 작은 실천에서 비롯된다는 것을 기억하라.

미국 메이저리그에서 타율 2할 5푼은 12타석에 3번의 안타고, 타율

3할 3푼 3리는 12타석에 4번의 안타를 말한다. 그리고 이들의 연봉은 2할5푼은 17만5천 달러, 3할 3푼 3리의 연봉은 150만 달러다. 12타석에 3번의 안타를 치는 것과 12타석에 4번의 안타를 치는 것은 안타수에 단 하나의 차이가 있을 뿐이다. 하지만 이 하나의 차이는 연봉에 있어선 120만 달러의 차이를 보이고, 선수로서 누리는 팬들의 관심과 명예는 연봉의 차이보다도 훨씬 크다. 겨우 한 개의 안타 차이라고 생각할 수도 있지만 그 한 개의 차이가 누적되면 결국 큰 결과의 차이로 드러난다. 인생도 마찬가지다. '한 방 인생'은 그저 패배자들의 허풍일 뿐이다. 오늘 작은 실천을 해내는 당신과 그렇지 못한 당신의 내일은 분명 큰 결과의 차이가 있다.

1분과 100분의 동등한 가치

남들은 어떻게 생각할지 몰라도 나는 내가 지각 인생을 살고 있다고 생각한다. 대학도 남보다 늦었고 사회진출도, 결혼도 남들보다 짧게는 1년, 길게는 3~4년 정도 늦은 편이었다. (중략) 내가 벌인 일 중 가장 뒤늦고도 내 사정에 어울리지 않았던 일은 나이 마흔을 훨씬 넘겨 남의 나라에서 학교를 다니겠다고 결정한 일이다. (중략) 돌이켜보면 그때 나는 무모했다. 하지만 그때 내린 결정이 내게 남겨준 것은 있다. 그 잘난 석사 학위? 그것은 종이 한 장으로 남았을 뿐, 그보다 더 큰 것은 따로 있다. 첫 학기 첫 시험 때 시간이 모자라 답안을 완성하지 못한 뒤 연구실 구석에서 억울함에 겨워

찔끔 흘렸던 눈물이 그것이다.

중학생이나 흘릴 법한 눈물을 나이 마흔 셋에 흘렸던 것은 내가 비록 뒤늦게 선택한 길이었지만 그만큼 절실하게 매달려 있었다는 반증이었기에 내게는 소중하게 남아있는 기억이다. 혹 앞으로도! 여전히 지각 인생을 살더라도 그런 절실함이 있는 한 후회할 필요는 없을 것이다.

자신의 인생을 '지각 인생'이라 담담히 말하는 이 사람은 성신여대의 교수이자 현재 라디오 시사프로그램 '시선집중'을 진행하고 있는 손석희다. 무엇보다 대한민국 대표 토론 프로그램 '100분 토론'의 진행자로 많이 알려져 있다.

그는 "최선을 다해 선택하라. 그리고 여러분의 선택이 옳았다는 것을 증명해라. 무슨 일이 있더라도 최선을 다해 정당한 방법으로 증명하라."고 말한다. 이제 그는 한국 사회에서 가장 영향력 있는 오피니언 리더로 평가받는 것은 물론 젊은이들이 가장 닮고 싶어 하는 언론인의 자리에 섰다. 비록 다른 사람에 비해 조금씩 더딘 선택들이었지만 그 순간의 도전적인 선택과 실천이 없었다면 존경받는 언론인 손석희도 없었다.

손석희는 아나운서 입사 1년 차에 경험한 '1분 뉴스'를 통해 방송의 중요성을 인식하게 되었다고 한다. 1분 뉴스를 통해 방영된 매몰광부 소식과 구출 소식에 일희일비하던 매몰광부 가족들의 눈물을 지켜본 그는 자신이 하는 방송이 그렇게 사람들에게 영향을 미칠 수 있다는 사실을 깨닫고 언론인이라는 직업에 자부심을 느꼈다. 그리고 그 영향력으로 세상을 좀 더 나은 방향으로 만들어 나가겠다는 신념을 갖게 되었다. 언론인으로서 1분이 가진 큰 가치를 자각했다.

'100분 토론'을 진행했던 손석희는 '300회' 돌파라는 기쁨을 맛보기도 했다. 초대 고 정운영 교수를 시작으로 당시 시민연대 유시민의 바통을 이어 세 번째 진행자로 2002년 1월 17일에 첫 마이크를 잡았다. 200회를 넘게 진행하면서 손석희는 토론을 통해 약 800명에 달하는 각 분야의 패널들을 만났다. '100분 토론' 200회면 '20,000분'이라는 어마어마한 양적 수치도 나온다. 손석희는 목요일 밤 자정에 생방송으로 '100분 토론'을 진행하고 난 뒤 귀가하지 않고 야전침대에서 눈을 붙였다. 새벽부터 다시 라디오프로그램 '시선집중'을 진행해야 했기 때문에 차라리 회사서 잠을 청했다. 그렇게 그는 200회를 진행하는 동안 피치 못할 200번의 외박을 했다.

입사 22년 만에 MBC 퇴사를 결심하고 7년 동안 진행해 왔던 '100분 토론'을 떠났다. 그가 퇴사한다고 하자 '정치에 입문하기 위한 것'이라는 소문이 무성했다. 그러나 그는 학교를 선택했다. 많은 사람들이 그의 선택에 박수를 쳤다. 많은 언론인들이 어느 정도 인지도가 쌓이면 쉽게 정치에 입문하며 보여준 그간의 행보에 이미 많은 실망을 했었기에 '정치인 손석희'는 보고 싶지 않았던 모양이다. 사람들이 원한 것은 언론인으로서 지금같이 한결같은 모습을 보여주는 '부드러운 카리스마 손석희'였다.

언젠가 그의 매부이기도 한 주철환 PD는 "꿈의 '100분 토론'도 출발은 '1분 뉴스'였다."고 말했다. 1분의 가치를 알았던 손석희에겐 100분과 1분에 들이는 마음과 노력에 차이가 있을 수 없었다. 꿈이 원대하고 거창하다고 해서 처음부터 일을 크게 벌여서는 결코 성공할 수 없다. 작은 것부터 차근차근 자기 것으로 만들어 나갈 때 성공에 이르는 길도 좀 더 빨라질 수 있다. 큰 꿈을 가진 자신에게 "겨우 이런 일을 시킨다"고 불만을 터트린다면 당신은 영웅을 만나는 마음자세부터 다시 바로 잡을 일이다. 작은 것에 충실하지 못한 이에게 그 누구도 일을 맡기지 않는다는 걸 명심해야 한다.

작게 시작해서 크게 성공하라

패스트푸드의 종주국이라고 할 수 있는 미국에서 가장 점포수가 많은 패스트푸드 체인점은 어디일까? 잠수함 모양의 샌드위치로 유명한 서브웨이가 지난 2001년 11월 31일 전체 점포수에서 맥도날드를 추월한 적이 있다. 서브웨이는 같은 해 세계적인 창업전문지 〈앙트르프르너Entrepreneur〉지가 선정하는 '프랜차이즈 500'에서 1위를 차지하기도 했다.

서브웨이의 창업자 프레드 드루카가 대학 진학을 앞두고 있을 때의 일이다. 그는 철물점에서 아르바이트를 하고 있었지만 등록금을 내기는 힘들었다. 그 때 부친의 친구이자 핵물리학자인 피트 벅 박사는 자신의 고민을 털어놓는 드루카의 손에 1,000달러를 쥐어 주며 샌드위치 가게를 내보도록 권했다.

이렇게 탄생한 서브웨이의 첫 번째 점포는 엉클 톰스 캐빈에 나오는 작은 오두막집 같았다. 작고 초라한 가게였지만 드루카는 장기 목표도 세웠다. 거의 무일푼으로 시작해 10년 만에 32개의 체인점을 만들어 낸 마이클 데이비스의 기사를 보고, 자신도 똑같은 성공을 이루겠다는 계획을 세웠다.

하지만 일은 생각만큼 쉽게 돌아가지 않았다. 샌드위치를 사먹을 줄만 알았지, 한 번도 만들어 본 적이 없던 애송이 사업가에게 초창기 시련의 계절은 어쩌면 당연한 일이었는지도 모른다. 8월에 문을 연 서브웨이는 개업한 당시에만 잠깐 매출이 발생하다 줄곧 하향곡선을 그리기 시작했는데 겨울이 끝나갈 무렵에는 하루에 고작 7개의 샌드위치를 파는 가게로 전락하고 말았다. 장사가 잘되는 점포를 벤치마킹 하고 라디오 광고까지 해가면서 동분서주한 결과가 사업을 포기하지 않으면 안 될 상황으로 내몰렸다.

드루카는 갈등했다. 여기서 장사를 접을 것인가, 장소를 옮겨 볼 것인가. 하지만 그는 장사를 접지도 장소를 옮기지도 않았다. 또 하나의 점포를 열면서 사업 확장을 선택했다. 모두가 말렸지만 그는 흔들리지 않았다.

하나의 점포를 더 개설해서 위기를 돌파해 나간다는 것은 한 마디로 어처구니없는 결정이었다. 이미 첫 번째 샌드위치 가게를 말아먹다시피 한 경력을 가진 사람이 아닌가. 하지만 그에게도 생각이 있었다. 문을 닫고 망한 가게가 되느니 한 지역에 두 개의 점포를 운영함으로써 사람들이 상당히 성공을 거두고 있다고 착각하게 만들어 보자는 생각이었다. 물론 매출 향상을 노린 선택이었고 이 선택은 맞아 떨어졌다. 은행에서 돈을 빌려 두 번째 가게를 열자 첫 번째 가게의 매출이 증가하기 시작했다. 그리고 점포수가 늘어날 때마다 전체 점포들의 평균매출이 늘어나는 현상이 더욱 뚜렷해졌다. 드루카는 이 무모한 결정이 서브웨이 역사상 가장 빛나는 결정이었다고 회고한다.

서브웨이는 1974년 점포수가 16개까지 늘었다. 하지만 애초 목표했던 10년 내에 32개의 점포로 늘리겠다던 계획은 1년여밖에 남지 않은지라 벅차게 느껴졌다. 그해 드루카는 또 한번의 중대결심을 했다. 맥도날드나 KFC처럼 프랜차이즈 방식을 도입해서 사업을 확장하기로 결심했다. 이 역시 적중했다. 창업 11년째 되는 1976년, 마침내 그는 목표했던 32번째의 가맹점을 열었다. 비록 계획보다 1년 늦어졌지만 말이다.

1982년까지 200개의 점포의 문을 연 드루카는 폭탄선언을 했다. 1994년까지 5,000개의 점포 개설을 회사의 목표로 삼겠다고 했다. 겨우 200개의 점포를 가진 회사가 무슨 재주로 5,000개의 점포를 연단 말인가? 그러나 드루카는 시대가 변하고 있다는 것을 감지했다. 드루카는 9년 동안의 직영점 운영과 8년간의 프랜차이즈 사업 경험을 믿고 실현 불가능해 보이는 이 목표를 향해 매진했다. 그 결과 목표시점보다 3년 빠른 1991년 기어코 서브웨이의 점포는 5,000개를 넘어섰다. 그 후 서브웨이는 매월 평균 50개의 점포를 새로이 열면서 무서운 속도로 성장을 거듭했다.

드루카는 〈작게 시작해서 크게 성공하라〉라는 자신의 저서 제목처럼 작은 출발로 위대한 성공을 거둔, 도전하는 창업가의 표준이 되었다. 낡은 오두막에서 첫 번째 점포를 열었던 드루카의 서브웨이는 이제 목표했던 32개의 점포를 넘어서 전 세계 70여 개국에 점포를 확장한 대기업이 되었다. 물론 순간마다 어려움의 벽에 부딪히기도 했지만 드루카는 멈추지 않았다. 그리고 계속해서 도전을 선택했다. 적자를 면치 못했던 첫 번째 점포에서 드루카가 '영업정지'라는 선택을 했다면 오늘날의 서브웨이는 존재하지 못했다. 과감한 도전정신으로 작은 것에 충실하며 두 번째, 세 번째 점포를 만들었기에 서브웨이는 프랜차이즈 업계 최고의 자리에 올라설 수 있었다.

위대한 결과에도 작은 시작이 있다

1930년대 1차 세계대전 당시 빈민가에 살던 여고생은 약사였던 자신의 외삼촌 존 쇼츠가 집 뒤편 마구간에 마련한 허름한 실험실에서 제조한 페이셜 크림을 판매하는 일로 화장품 업계에 뛰어들었다. 얼마 후 그녀는 자신의 부엌에서 스스로 화장품을 만들어내는 일에 손을 댔다. 그녀는 자정을 훌쩍 넘은 시간에도 후덥지근한 주방의 스토브 앞에서 화장품을 만드느라 손을 데어가며 냄비에 담긴 크림을 젓고 또 저었다. 이것이 갈색병의 기적을 일으킨 '어드밴스드 나이트 리페어'를 비롯하여 수많은 여성들로부터 사랑을 받는 화장품을 생산해내고 있는 세계 최대의 화장품 그룹 에스티 로더의 시작이다. 훗날 에스티 로더는 "페이셜 크림을 만들어 내기 위해 실험에 몰두하던 시절이야말로 내가 숨을 쉬고, 살아있음을 느끼던 때"라고 회상했다.

그녀는 자신이 만든 페이셜 크림을 미용실에 가져가 차례를 기다리던 손님들에게 무료로 제공하고 시연해 주었다. 이름모를 화장품에 대해 거부감을 나타내는 손님도 있었다. 하지만 그녀는 그 어떤 수모를 당해도 포기하지 않고 더 잘 팔 수 있는 방법을 연구했다. 결국 그녀가 만났던 손님들은 시간이 흐르면서 에스티 로더 마니아로 변해가기 시작했다. 업계 최초로 공짜 샘플 전략을 생각해 냈고 광고대신 유명인사에게 무료로 제품을 보내면서 고급스러운 이미지를 갖게 됐다.

뉴욕 삭스 픽스 애비뉴 백화점에 입점하기 위해 그녀는 100번 이상 접수를 했다. 그리고 마침내 1948년 그녀는 백화점의 주문을 받아내기에 이르렀다. 입점하기까지의 어려움을 보상이라도 하듯 삭스 백화점에 납품된 그녀의 화장품은 이틀 만에 '전량 판매 완료'라는 쾌거를 낳았다. 이 때 그녀 자신이 침실 장식에서 착안해 개발했던 녹색을 띤 화장품 용기는 그 후 에스티 로더 화장품의 트레이드 마크가 되었다. 현재 에스티 로더는 세계 135개 국 이상의 백화점에 입점되어 있다.

그녀는 〈타임〉지가 지난 1998년 발표한 '20세기 가장 영향력 있는 천재적 경영자 20'에서 여성으로는 유일하게 선정되었다. 그녀가 일구어낸 화장품 그룹 에스티 로더는 '미국의 500대 기업' 리스트에서 349위에 랭크된 바 있다. 마구간에서 생산되어 천재적인 마케팅으로 평가받는 그녀만의 방법을 통해 연간 매출 47억 달러를 기록하며 거대 브랜드가 됐다.

에스티 로더는 "단 하루도 화장품을 판매하지 않은 날이 없다."고

했다. 그렇게 화장품에 목숨 걸었던 하루하루가 모여 오늘날의 에스티 로더를 만들었다. 백화점 입점을 위해 100번의 접수를 하는 동안 그녀의 머릿속은 오로지 화장품 하나에만 집중되어 있었고, 이러한 간절함은 그녀의 성공에 발판이 되기에 충분했다.

영국의 시인이었던 로버트 브라우닝Robert Browning은 또 이렇게 말한다. "위대한 사람은 단번에 그와 같이 높은 곳에 뛰어오른 것이 아니다. 많은 사람들이 밤에 단잠을 잘 적에 그는 일어나서 괴로움을 이기고 일에 몰두했다. 인생은 자고 쉬는데 있는 것이 아니라 한 걸음 한 걸음 걸어가는 그 속에 있다."

한 알의 씨앗이 있음에
저 아름드리나무도 있다는 걸
우리는 가끔씩 잊고 살지
(중략)

세상이 만들어 논
거대한 나무숲에 앉아
제 멋대로 키를 재고
제 멋대로 큰 숲이 되려 하다보면
소중한 씨앗의 흔적은 사라져 버리기도 하지

_ 박종화, 〈작은 시작〉 중에서

당신은 영웅이 되겠다는 원대한 계획을 세웠다. 그리고 그 계획을 성취했을 때의 당신 모습을 상상하는 것은 가슴 벅찬 일이다. 하루라도 빨리 변화한 자신의 모습이 보고 싶은 건 당연한 일이다. 하지만 모든 일에는 단계라는 것이 있다. ‘큰 숲’이 되고 싶어도 한 알의 씨앗이 싹을 틔우지 않으면 불가능한 일이다.

‘천릿길도 한 걸음부터’라는 속담은 너무 많이 들어 식상하다. 하지만 이 짧고 식상한 속담 안에 성공을 위한 필승 키워드가 감춰져 있다. 1층이 없는 100층 건물 없으며, 60년을 함께 한 노부부에게도 첫 만남이란 것이 있었다. 영웅이 되기 위한 여행은 우리에게 요구하는 것이 많다. 철저하게 변화해야 할 것을 요구하고, 그 변화에 충분한 시간을 투자할 것을 요구한다.

에도 막부 말기 도막운동(막부 타도운동) 지도자로 활동한 사카모토 료마坂本龍馬는 항상 “크게 두드리면 큰 답이 나올 것이며, 작게 두드리면 작은 답을 얻을 것”이라고 외쳤고 자신의 말에 기반해 계획하고 행동했다. 그는 개국을 하고 경제력을 쌓아 서구 열강에 대항할 수 있는 근대국가를 만든다는 구상력을 보여주었다. 또 봉건지배계급으로서 무사의 특권을 버리고 낭인이 되어 국가의 대의를 좇는 결단력을 발휘했다. 난세의 영웅이 아닐지라도 영웅이 되고자 한다면 료마처럼 크게 생각해야 한다. 하지만 큰 생각을 이루어가는 그의 행동들이 시대의 흐름을 거스르는 아주 작은 혁신에서부터 시작되었다는 것 또한 잊어서는 안 된다.

아파트 리모델링을 하기로 결심했다. 베란다와 거실 사이를 트고,

벽지와 장판을 교체하고, 오래된 가구들을 교체하고…. 마음은 하루라도 빨리 새롭게 변화된 집을 보고 싶다. 하지만 급한 마음에 계획 없이 한 번에 모든 것을 다하려 든다면 어떤 일이 발생할까? 마구 허문 벽이 집의 구조를 약화시키고, 벽지와 장판의 색과 가구들이 어울리지 않는 무언가 부자연스런 상황을 예상할 수 있다.

지금 당신이 하려는 리모델링도 마찬가지다. 당신은 '짠!' 하고 변화된 자신의 모습을 기대하겠지만 이 책은 마법서적이 아니다. 치밀한 계획을 세우고, 한 번에 한 가지씩 완벽하게 변화시키는 것에 중점을 둬야 한다. 조금 시간이 걸리더라도 점차적으로 일관되게 해 나가야 한다. 수십 년 동안 길들여진 자신을 바꾸는 일이 그리 쉬울 순 없다. 최고가 되는 것은 놀라운 재능보다 꾸준함에서 비롯된다. 위대한 결과에도 작은 시작이 있었음을 기억하자.

나의 한계를
넘어서기 위한 훈련

'영웅이 되는 방법'을 숙지하고 원대한 계획을 세운다고
영웅이 될 수 있는 것이 아니다. 영웅이 되기 위해
당신 안에 숨어 있는 유혹과 맞서야 한다.
진짜 해야 할 일을 뒤로 미루게 하는 나태한 자신 말이다.

1장
자기 경계의 3원칙

지난번 기말고사를 망친 아들 녀석이 시험을 앞두고 무슨 결심을 했는지 책상 앞에 앉더니 무언가를 끄적거렸다. '아자, 아자! 이번엔 1등이다!' 자식을 바라보는 부모 입장에서 기특한 광경이다. 하지만 아들의 목표는 내게 그리 확신을 주지 못했다. 아니나 다를까, 배가 고파 공부를 못하겠으니 먼저 간식을 챙겨달란다. 어떻게 하면 보다 체계적으로 공부할 수 있겠느냐고 물으며 의욕을 보이던 녀석은 한동안 계획표를 짜는데 골몰했다. 그렇다면 이제 본격적으로 시작하려나…. 책상 위에 너저분한 것들이 많아 집중이 안 된다며 간만에 책상정리에 심취했다. 깨끗한 책상을 보고 나름 흐뭇한 표정을 짓던 아들녀석은 이내 피곤한 기색을 보였다. "엄마, 나 잠깐 눈 좀 붙일게. 잠깐 자고나면 머리가 맑아질 거고 그러면 공부도 훨씬 잘 되겠지? 1시간만 있다가 깨워. 꼭 깨워야 해.”라는 말을 아내에게 남기고 침대에 누웠다. 한번 잠들면 누가 업어가도 모를 녀석이었기에 난 깨어날 거란 기대도 안 했다. 이튿날, 기차화통을 삶아먹은 듯한 소리가 들렸다. “아니, 뭐야? 내가 깨우랬잖아? 나 이번 시험 망치면 다 엄마 탓이야!”

정작 해야 할 일이 무엇인지 알면서도 눈 앞에 펼쳐지는 상황에 얽매어 진정 해야할 일을 하지 못한 결과는 뼈아프다. 그러나 꿈을 위해 단단히 결심을 하고, 근사한 계획을 세워 실천하는 과정 속에서 우리는 종종 집중력을 분산시키는 유혹들을 만나게 된다. 단순히 ‘영웅이 되는 방법’을 숙지하고 원대한 계획을 세운다고 영웅이 될 수 있는 것이 아니다. 영웅이 되기 위해 당신 안에 숨어있는 유혹과 맞서야 한다. 진짜 해야 할 일을 뒤로 미루게 하는 나태한 자신 말이다. 나는 이것을 ‘악마의 유혹’이라 부른다. 그 벽을 넘지 못하면 당신은 그저 ‘영웅이 되는 방법’을 알고 있는 한 사람에 지나지 않는다.

‘적은 내 안에 있다’는 말이 있다. 모든 것을 결정하고 실행하는 것은 당신이며, 영웅이 되는 것을 방해하는 요소 또한 당신 안에 있다. 일이 계획대로 진행되지 않을 때 못할 수밖에 없었던 이유를 주변상황에 빗대어 핑계를 대곤 하지만, 그 모든 것 또한 자신과의 싸움에서 진 패배자의 부끄러운 변명에 지나지 않음을 우리는 알고 있다. ‘적을 알고 나를 알면 백전백승’이라 했다. 이번 장에서는 내 안에 어떤 적이 도사리고 있는지, 그리고 그 적을 완벽하게 무찌르기 위해서는 어떤 과정이 병행되어야 하는지 이야기하고자 한다.

원칙1_자신과 타협하지 말라

세계 최초로 산악그랜드슬램을 달성하고나서 박영석 대장은 이렇게 말했다. "내 힘으로 어쩔 수 없는 자연재해는 두렵지 않았다. 20여 년 간 산 사나이로 살면서 내가 가장 두려워한 것은 나 자신이다. 몸 컨디션이 안 좋거나 자연재해를 지나치게 걱정하면서 산행을 늦추며 나 자신과 타협하는 순간 원정은 여지없이 실패했다. 멈추면 앉고 싶고, 앉으면 눕고 싶은 게 사람 심리다. 그렇게 자신과 타협하기 시작하면 한 걸음도 뗄 수 없다." 인간의 한계라 하는 수많은 최고봉들을 올랐었음에도 불구하고 그 또한 산을 대할 때마다 나약해지는 자신과 맞닥뜨리게 된다. 그래서 육체적 한계를 경험케 하는 도전은 항상 자기 자신과의 싸움이라 하지 않았던가.

아무리 원대한 목표를 가지고 멋진 계획을 세웠어도 행동하지 않으면 아무 소용이 없다. 행동하는 데 있어 가장 큰 장애물은 바로 자기 자신과의 타협이다. 아마추어는 자기 자신과의 타협에 능하다. 프로는 절대 타협하지 않는다. 정해진 계획에 따라 자기 자신을 다그칠 뿐이다. 누군가는 혹독한 날씨가 산행을 미뤄야 하는 핑계가 되지만, 누군가는 정상에 올라야 하는 확실한 목표가 있기 때문에 혹독한 날씨 따위는 문제가 되지 않는다. 이것이 바로 끝까지 정상을 정복하는 사람과 그렇지 못한 사람의 차이다.

매년 초 사람들은 나름의 목표를 하나씩 정한다. 10킬로그램 이상 살 빼기, 하루에 반갑만 피우기, 회식자리에서 술 안 마시기, 외국어 하나쯤 능숙하게 말하기 등 나름의 목표는 원대하다. 하지만 그게 다인 경우가 참 많다. 오늘은 이래서 안 되고, 내일은 저래서 안 된다. 막상 그때가 되면 우리에게는 시작하지 못하는 이유들이 너무나 많이 생긴다. 자신은 열정과 열의로 가득 차 있는데 주변상황이 도와주지 않는다고 푸념을 늘어놓는다. 그러나 핑계 없는 무덤이 없는 것처럼 '핑계 없는 실패자'도 없다. 모든 일은 때가 있다. 해야 한다고 느끼는 순간이 가장 좋은 때다. 지금 '어떤 이유'로 해 낼 수 없다면 내일도 모레도 당신에겐 닥친 일을 할 수 없는 새로운 '어떤 이유'들이 놀라우리만치 계속 생겨나게 된다. 그리고 자신에게 다가온 단 한 번의 큰 기회와 영원한 이별을 고하게 된다.

잠시의 안식을 위해 지금 그 자리에 영원히 눌러 앉아 있을 것인가. 그럴 수 없다면 게으르고 핑계가 많은 자신과 영원히 이별해라. 해야 할 일이라면 미루지 말고 당장 끝내라.

원칙2_자만하지 말라

중국 춘추전국시대에 각종 민요를 모은 가장 오래된 시집인 〈시경〉 속에 '행백리자 반구십行百里者 半九十'이라는 고사성어가 있다. 이는 '100리를 가려는 사람은 90리를 가고서 이제 절반쯤 왔다고 여긴다'는 뜻이다. 무슨 일이든 마무리가 중요하고 어려우므로 그 일을 끝마칠 때까지 자만하지 말고 겸손하게, 긴장을 늦추지 말고 꾸준히 노력해야 한다는 의미다. 진나라 무왕이 몇 차례의 전쟁에서 승리하면서 자만에 빠진 모습을 보이자 이를 걱정한 그의 신하가 이 고사성어를 인용해 다음과 같이 간언했다고 한다.

지금 대왕께서는 위나라와 조나라를 얻은 것에 만족하여 제나라를 잃은 것을 너무 가벼이 생각하고 계신 듯합니다. 〈시경〉에 '미불유초 선극유종 靡不有初 鮮克有終(처음은 누구나 잘하지만 끝을 잘 마무리하는 사람은 적다)'는 말이 있습니다. 선왕들은 시작과 끝을 모두 중요하게 여겨 대성하셨습니다. 이에 반해 처음에는 잘하다가 끝을 마무리하지 못해 멸망한 경우가 역사상에 많습니다. 춘추시대 말기 진나라에서 세력다툼이 일어났을 때 요나라는 몇번의 전쟁에서 승리로 자만하다가 한·위·조나라의 연합군 공격에 멸망되어 비웃음거리가 되었습니다. 오나라의 부차도 월나라의 구천에게 항복을 받고 제나라를 대파했지만, 송나라에게 무례하게 굴다가 결국 죽임을 당하고 말았습니다.

지금 대왕은 삼천 일대를 점령하면서 다른 나라들이 감히 대항하지 못할 세력을 갖추었습니다. 이대로 대왕이 마무리만 잘하면 삼왕三王(중국 고대의 세 임금인 하나라의 우왕, 상나라의 탕왕, 주나라의 문왕을 말함)과 나란히 사왕四王으로 칭송되고, 오백五伯(춘추오패를 말하는 것으로 춘추시대 때 제후들의 연맹에서 맹주가 된 이를 패자라 하는데 제나라의 환공, 진나라의 문공, 초나라의 장왕, 오나라의 합려, 월나라의 구천을 말함)이 육백六伯으로 되어도 모자랄 것입니다.

〈시경〉에는 또 '행백리자 반구십行百里者 半九十'이라는 말이 있습니다. 이것은 마무리를 잘하는 것이 얼마나 중요한 지를 말해주는 말입니다. 지금 대왕께서는 자만하고 계십니다. 각국은 호시탐탐 틈만 있으면 다른 나라를 엿보고, 어제의 우리편이 내일은 적이 되지 않으리라는 보증이 없는 난세입니다. 참으로 위급 존망의 때이니만큼 자만하고 태평스레 굴고 있을 때가 아닌 줄로 아옵니다.

새로운 일을 시작하면서 사람들은 '천리길도 한 걸음부터'라며 시작했다는 것에 큰 의미를 둔다. 하지만 시작보다 더 중요한 것이 마무리다. 원대한 시작도 작은 성과들에 만족하여 끝까지 열과 성을 다하지 않으면 그 결과가 흐지부지될 수 있기 때문이다.

어려운 〈시경〉을 논하지 않아도 우리가 어렸을 때부터 익히 들어왔던 '토끼와 거북'의 이야기는 자만에 대한 경각심을 너무도 명확하게 보여주고 있다. 날쌘 토끼와 느린 거북이의 달리기 시합, 누가 생각해도 당연히 토끼가 이기는 게임. 하지만 토끼는 거북이와의 차이가 많이 나자 자만에 빠져 한가롭게 낮잠을 청하고, 느리지만 포기하지 않고 열심히 걸어온 거북이는 결승점에 먼저 도달한다. 아무리 실력이 뛰어나다 할지라도 상대방을 무시하고 스스로를 높이기 시작할 때 성공은 그 만큼 비껴가고 만다.

탈무드는 "당신의 혀에게 '나는 모릅니다'라는 말을 열심히 가르치라"고 했다. 배움과 갈고 닦음에는 끝이 없다는 뜻이다. 어리석은 사람들은 자신을 현미경을 통해 바라본다. 그리하여 자신의 작은 재주가 마치 대단한 것인 양 착각한다. 이미 세상은 자신보다 앞서가는 사람들로 넘쳐나고 있는데도 말이다.

자만하는 사람들은 성공하기도 어렵지만 이미 성공한 사람이 자만에 빠진다면 그것 또한 몰락의 길을 자초한다. '이 정도면 됐어'라고 생각하는 순간부터 삶은 고인 물이 되고 만다. 진정 당신의 삶을 썩은 내가 진동하는 웅덩이로 만들고 말 것인가.

강물이 모든 골짜기의 물을 포용할 수 있음은 아래로 흐르기 때문이다. 자신을 낮춘다면 세상은 배울 것으로 넘쳐난다. 죽어라 열심히 공부해라. 그래도 죽지 않는다. 다만 더 이상 배울 것이 없다고 선언한다면 당신의 성공은 죽을 것이다.

원칙3_쉽게 판단하지 말라

새로 부임한 사장은 이유여하를 막론하고 게으른 사원은 무조건 내보내기로 작정을 했다. 그런데 한 젊은이가 커피 자판기에서 커피를 마시며 빈둥빈둥 놀고 있었다.

"자네, 월급을 얼마 받나?"

"150만원이요."

"150만원 여기 있네. 내일부터 여기에 나오지 말게나."

젊은이가 기뻐하며 그 자리를 떴다.

사장이 이상해서 옆의 직원에게 물었다.

"저 사람 여기서 무슨 일을 했나?"

"네? 피자 배달 온 사람인데요."

가끔 경솔함을 자신감으로 착각하는 사람이 있다. 아직 직원 파악조차 되지 않은 상황에서 자신의 권위를 마음껏 휘두르다 150만원을 날린 사장처럼 말이다. 판단은 언제나 신중해야 한다. 왜냐하면 잘못된 판단은 중요한 것을 놓치게 하는 것은 물론 더 큰 것을 잃을 수도 있는 빌미를 제공하기 때문이다.

나폴레옹은 '개선으로부터 몰락까지의 거리는 단 한 걸음에 지나지 않는다. 나는 사소한 일이 가장 큰 일을 결정하는 것을 보았다.' 라고 말한다. 영웅이 되기 위한 목표를 세웠다면 그 목표에 좀 더 진지하게 접근할 필요가 있다. 행동하기를 주저하란 얘기가 아니다. 모든 일에는 때가 있고 목표는 그 때를 고려해 수립되어야 한다. 무조건 "빨리, 빨리"를 외친다고 빠르게 성취할 수 있는 것이 아니다. 또한 '잘 하고 있는가' '앞으로도 잘 해 낼 것인가'에 대해 항상 의심하고 점검해야 한다. 성급한 판단은 영웅이 되기 위한 길에 어떤 도움도 되지 않는다. 계획을 세웠으면 계획에 따라 신중하고 묵묵히 실천해 나가는 모습이 필요할 뿐이다.

국내 실정상 아마추어 야구는 팀 경기 중계가 드물어 경기를 녹화해 비디오를 분석할 수도 없다. 상대팀에서도 모든 선수를 집중적으로 분석하는 경우가 드물다. 그러다 보니 투수들은 자신의 투구 모습이나 습관 등을 분석할 수 있는 여건이 부족하다. 본인 스스로가 정작 자기 자신을 모르고 있는 경우가 많은 것이다. 이런 상황에서 프로구단에 입단하면 자신에 대한 분석이 부족한 투수는 투구 패턴을 상대팀들에게 쉽게 읽혀 난타를 당하기 일쑤다.

자신을 분석할 수 없다는 것은 스스로를 제대로 평가할 수 없다는 것이며, 평가할 수 없다는 것은 문제점을 시정할 기회를 가질 수 없음을 의미한다. 그리고 문제점을 시정할 수 없다는 건 더 이상의 발전 없이 난타 당할 일만 남았다는 것을 뜻한다. 여기서 중요한 것은 자기 자신을 올바르게 아는 일이다. 자기 자신의 현재 상태에 대한 정확한 진단을 통해 문제를 개선하면서 보다 긍정적인 방향으로 전진해 나갈 수 있도록 하는 것이 바로 '자기 평가'의 핵심이다.

왜, 준비해야 하는가

목표를 성취하기 원한다면 자기 평가는 반드시 필요한 과정이다. 자신을 분석하고 평가하는 과정은 고통스러울 수 있다. 장점은 물론 단점까지 적나라하게 드러나니 말이다. 하지만 이 과정을 견디지 못한다면 절대 강자가 될 수 없다. 당신이 영웅이 되기 위해 상대해야 하는 것은 그 분야의 고수들이다. 고수들은 상대의 약점을 파악하고 공격하는 데 능숙하다. 먼저 공격당하지 않기 위해서는 자신의 단점을 누구보다 잘 알고 있는 것이 필요하다.

냉정하게 자신을 평가하기란 말처럼 쉬운 일이 아니다. 심지어 전체 직장인 중 50퍼센트는 스스로 경쟁력이 있다고 판단하지만 회사에서는 실제로 20퍼센트만이 필요한 사람이라고 판단한다니 말이다. 자기 평가가 얼마나 어려운 것인지 증명하는 단적인 예라 할 수 있다. 정확한 자기 평가를 위해서 무엇이 필요한지 파악하는 것은 계획을 세우고, 실천하는 것만큼 중요한 일이다.

자기 평가의 중요성에 대해 인지했다면 이제 자기 평가를 위해 어떠한 준비를 해야 할지 알아보자.

● 유연한 자세

신념을 가지고 끝까지 밀어붙이는 공격적인 자세는 영웅이 되기 위해 중요한 부분이다. 하지만 신념을 가지는 것과 경직되어 있는 것은 구별해야 한다.

자신만의 방법을 찾아내는 것도 중요하지만 평가의 가장 큰 목표는 계획한 바를 '보다 효율적이고 적합한 방법'으로 찾아내는 것에 있다. 목표한 바대로 진행되지 않고 있다면 충고를 받아들일 자세를 갖추어야 한다. 물론 목표는 올곧이 지키되 방법은 얼마든지 수정 가능하다는 것을 염두에 두어야 한다. 상황과 여건은 얼마든지 변화할 수 있으니 말이다.

● 정확한 목표

자기 평가를 위해 두 번째로 선행되어야 할 것은 보다 객관적인 평가를 위해 추상적인 목표를 수치화 하는 등 목표를 정확히 하는 일이다. 자기 평가에서 객관적인 판단을 위해 기준을 잡는 일은 무엇보다 중요하다. 그러기 위해서는 목표 설정이 좀 더 구체적일수록 좋다.

예를 들어, '고객과의 관계를 개선하여 영업이익을 모색한다' 라는 목표를 세웠다고 하자. 과연 이 목표를 가지고 '고객과의 관계가 얼마나 개선되었는지' '영업 이익은 얼마나 상승했는지' 객관적으로 평가할 수 있을까. 그러기엔 목표 자체가 너무나 추상적이고 모호하다.

이런 문제를 예방하기 위해 목표는 수치화 하는 것이 좋다. 구체적인 예를 들면 아래와 같다.

- 어학 : 목표 점수 00점/ 레벨 0단계 업그레이드
- 데이타 수집 : 00건/1주 =>데이터 정리 완료
- 독서 : 0건 독서/1주
- 고객과의 관계 개선 : 고객 데이터 정리. 면담일지 기록(0회/1주). 블로그 인맥 00명 구성.

수치화된 목표는 자신이 얼마나 무엇을 성취했는지 객관적으로 알 수 있게 하고 다음 계획을 세우는 데 도움을 준다.

● **세밀한 계획**

자기 평가를 위해 마지막으로 선행해야 할 것은 목표에 따른 계획을 보다 세밀하게 세우는 일이다. 목표에 따른 계획은 보다 세밀할수록 좋다. 일단위, 주단위, 월단위, 분기별, 연간 단위로 작성한다. 그리고 '중요하고 당장 급한 일' '중요하지만 급하지 않은 일' '급하지만 중요하지 않은 일' '급하지도 중요하지도 않은 일' 이렇게 4가지 기준으로 구분해 계획을 배치한다. 이렇게 세분화된 계획은 해야 할 일을 좀 더 명확하게 하고, 평가 자체도 보다 세밀하게 진행할 수 있다.

어떻게, 평가해야 하는가

이제 목표한 바를 성취하기 위해 자기 평가는 쉽지 않지만 꼭 해야 되는 일임을 알게 됐다. 또한 보다 내실 있는 자기 평가를 위해 선결해

야 할 과제가 무엇인지까지 파악이 끝났다면 이제 본격적인 자기 평가에 돌입해 보자. 자기 평가를 통해 당신은 목표한 바대로 계획이 차질 없이 보다 발전적인 방향으로 올바르게 진행되고 있는가를 확인할 수 있다. 만약 문제를 발견했다면 가능한 빨리 궤도수정을 해야 한다. 이와 동시에 목표에 도달하기까지 끊임없이 자신을 담금질하는 일을 멈추어선 안 된다.

● **자신의 위치를 체크하라**

정한 목표에 따른 계획의 진행정도를 파악하는 것을 말한다. 계획한 바의 수행 정도에 따라 자신이 어느 위치에 있는지 명확히 파악해야 한다. 현재 너무 무리한 계획을 잡고 있거나 너무 안정적으로 대처하고 있는 것은 아닌지도 점검해야 한다. 그래야만 계획을 수정할 때 좀 더 자신에게 맞는 방안을 고려할 수 있기 때문이다.

● **발전적인 과정인가**

자기 평가의 목적에 대한 확실한 이해가 필요하다. 잘 하고 있는 것은 격려하고 문제점을 고쳐나가면서 보다 나은 방향으로 이끌어 가기 위한 것이다. 실패를 질책하기 위함이 아니라 실패를 반복하지 않기 위한 대안을 찾기 위해 고심하는 일이 우선이다. 또한 잘한 일이나 좋은 결과를 가져온 것이 있다면 작은 것이라도 찾아서 스스로를 격려하고 칭찬해야 한다. 칭찬만큼 긍정적인 사고를 고취시키고 동기부여를 해주는 건 없다. 때문에 자신에 대한 칭찬에 인색해서는 안 된다. 자신에게 보약을 준다고 생각하고 말이다.

● 올바르게 집중하고 있는가

자신의 목표대로 자신에게 적합한 계획으로 진행하되 그것이 올바른가에 대한 중간점검이 필요하다. 자신에게 적합하다고 모두 올바른 것은 아니다. 이기적으로 행동하고 있는 건 아닌지 더 나아가 남들에게 도움이 되는 목표와 계획인지까지 고려할 수 있다면 어느순간 대의가 생기며, 내면을 성장시키게 된다. 때문에 적어도 자신이 수행하고 있는 계획이 자신의 양심과 어긋나지 않는지, 명예를 훼손시키지는 않는지 항상 염두에 두어야 한다.

무엇을, 경계해야 하는가

자기 평가의 중요성이 큰 만큼 자기 평가 진행과정에는 '평가의 적'이 존재한다. '이 정도는 괜찮겠지'라며 은근슬쩍 넘겨버리거나 기대에 미치지 못한 결과라고 낙심하고 쉽게 용납하지 못하는 완벽주의로 자신을 옭아매는 일이 많기 때문이다. 그러므로 자기 평가를 할 때는 객관적으로 자신을 바라볼 수 있는 용기가 필요하다.

● 소통을 포기하지 말아라

평가는 자기 자신과의 의사소통이다. 의사소통이 끊기면 독선적으로 판단할 수밖에 없다. 자기 자신과 끊임없이 소통하라. 끊임없이 묻고 답하고 조언해 주어야 한다. 평가가 불편하다고 대면하는 것을 피한다면 더 이상의 발전은 없다. 정체와 퇴보만이 있을 뿐이다.

● **자신에 대한 관대함은 금물이다**

사람들은 남의 실수에는 날카로운 잣대를 들이대면서 자신의 실수에는 둔감하게 대응하는 경우가 많다. 미운 자식 떡 하나 더 준다고 했다. 스스로를 미운 자식 취급할 것인가. 자신에게 드넓은 관대함을 베풀기를 반복한다면 당신의 목표는 땅 속에서 썩어 작은 싹도 틔우지 못한 채 사라진다.

● **완벽주의는 버려라**

완벽주의는 당신을 앞으로 나가지 못하게 하는 걸림돌이다. 그것은 세부적인 것에 얽매여 꼼짝 못하게 만들고 전체를 보지 못하게 만드는 올가미다. 완벽주의는 최고를 추구하는 것이 아니라 최악이다. 자신이 하는 일에 결코 만족할 수 없기 때문에 쉽게 낙담하게 만들고 의지를 꺾어버린다. 세상에 완벽이란 없다. 모든 것은 끊임없이 변화하고 진화하기 때문이다. 중요한 것은 같은 실수를 반복하지 않는 일이다. 한 번의 실수는 발전을 위한 디딤돌이지만 반복되는 실수는 실패를 가져올 뿐이다.

● **평가의 결과를 부끄러워 말라**

평가의 결과가 기대에 미치지 못했을 때 부끄러워 할 필요는 없다. 부끄러움은 두려움과 자기혐오만을 안겨 줄 뿐 당신의 꿈을 이루는 데 전혀 도움이 되지 않는다. 도전하고 있다는 사실만으로도 당신은 칭찬받아 마땅하다. 부끄러움으로 자기 연민에 빠져 있을 시간이 있다면 더 나아질 수 있는 방법을 찾는데 쏟아라. 그것이 당신을 발전으로 이끄는 현명한 행동이다.

《채근담》에서는 자기 자신을 돌아보는 것에 대해 "자기를 반성하는 사람은 부딪치는 일마다 모두 약이 될 것이요, 남을 원망하는 사람은 움직이는 생각이 모두 창칼이 될 것이다."라고 말한다. 자기 반성은 곧 자기 평가라 할 수 있다. 자기 평가를 하는 사람과 하지 않는 사람이 갖게 될 결과의 차이는 하늘과 땅 차이다. 예를 들면 대나무가 빨리 자라면서도 일직선으로 곧게 자랄 수 있는 것은 '마디가 있기 때문'이다. 만일 대나무에 마디가 없다면 비바람과 같은 시련에 견디지 못하고 힘없이 꺾여 버린다.

자기 평가는 영웅이 되는 과정에서 당신을 더욱 곧고 단단하게 해 줄 마디와 매듭이다. 중간마다 성과와 과실을 평가하고 개선점을 찾지 않는다면 약한 바람에도 당신의 가지는 꺾이고 만다. 반면 냉철한 자기 평가를 통해 더 나은 계획을 만들고, 더 올바른 방향으로 행동할 수 있는 기반을 마련한다면 당신은 거친 시련도 꿋꿋이 견딜 수 있도록 더욱 단단하고 곧게 단련될 것이다.

평가를 두려워하는 영웅은 없다. 오히려 그것을 자기 발전의 기폭제로 삼고 즐길 뿐이다. 당신 또한 일상화된 자기 평가 속에서 이런 짜릿함을 느낄 수 있을 때 진정으로 스스로의 한계를 뛰어넘어 강한 영웅으로 거듭날 수 있다.

내 삶의 주인공으로 살아라

'지금의 대한민국은 진정 꿈을 꿀 수 없는 곳인가'. 빈부의 격차가 심화되고, 치솟는 등록금에 대학생들이 학업을 포기하는 이 현실 속에서 애써서 대학을 졸업해도 그저 취업준비생이나 실업자가 될 뿐, 제대로 된 '줄'이 없으면 출세할 수 없다고 한다. 내가 아는 직장인 중 하나는 자신은 쥐꼬리만 한 월급에 시달리는데, 누구는 불노소득으로 40억 짜리 옷을 해 입는다는 이야기를 들어 가뜩이나 팍팍한 가슴이 더 팍팍해졌다고 한다. 세상은 불공평하고, 더 이상 '개천에서 용 난다'는 희망 따위는 가질 수 없다는 그의 말처럼 우리가 서 있는 이곳은 이제 정말 '꿈의 불모지'가 된지도 모른다.

그러나 꿈은 어느 곳에서든 자란다. 판도라 상자에 남아 있던 마지막 하나가 '희망'이었듯이 꿈의 불모지는 있을 수 없다고 나는 생각한다. IMF를 맞아 한창 힘들었던 시절, 우리에게 희망을 주었던 박세리에 빠진 골프공을 살리기 위해 양말을 벗고 최선을 다했던 박세리 선수가 우승컵을 쥐는 모습을 보았을 때 우리의 가슴은 뛰었다. 2002년, 계속되는 경기에 넝마가 된 몸을 이끌고 불가능하리라 생각했던 4강 신화를 이뤘던 선수들의 뜨거운 얼굴을 보았을 때도 그리고 2010년, 어깨 부상이라는 치명적인 상처를 극복하고 새로운 전설을 만들어가고 있는 괴물 투수 류현진을 보았을 때도 우리는 그들이 가지고 있던 거침없는 열정에 가슴이 뛰었다. 막막하고 해결법이 보이지 않는 인생 앞에서 가슴이 뜨겁게 뛴 이유가 무엇이었을까. 여기서 나는 다시 한 번 묻고 싶다. '이곳은 정말 꿈의 불모지인가?' '가진 것 없는 우리가 인생의 주인공으로, 누군가의 영웅으로 산다는 건 그저 꿈일 뿐인가?'

이 책에서 소개하고 있는 수많은 '영웅'의 시작은 미약했다. 그들은 결코 남들보다 나은 환경을 가지고 있지 않았다. 가난과 편견에 시달리고, 신체적인 장애가 있었으며, 불혹의 나이에 다시 시작한 이들도 있었다. 확언하건데 그들의 재능은 이 책을 읽고 있는 당신보다 뛰어나지 않을 것이다. 그들은 그저 자신의 삶에서 주인공으로 살아갈 권리를 포기하지 않고, 자신이 원하는 모습으로 충실히 살길 바랐을 뿐이다.

나는 평생을 바쳐 오던 회사를 그만두면서 처음으로 나에게 꿈이 없다는 사실을 깨달았다. 도대체 무엇을 위해 살아 왔는지 무엇을 하며 살아야 하는지 막막할 뿐, 어디서부터 길을 찾아야 할지 감을 잡을 수가 없었다. 그렇게 갑작스레 생긴 인생의 난제를 풀어줄 열쇠가 필요했고, 그 해답을 제시해준 사람이 바로 톰 피터스였다.

만약 당신이 예전의 나처럼 길을 잃고, 꿈도 잃고, 망망대해에 서 있는 것 같은 상황이라면 무엇보다 먼저 당신이 닮고 싶은 인물을 찾으라고 말하고 싶다. 그 사람의 비전과 사고방식, 그 사람의 꿈이 자신의 이상과 닮아 있다면 주저 말고 가슴에 담아라. 그가 끝나지 않을 것 같은 당신의 아득한 인생에 깃발을 달아줄 것이다. 그들은 이미 우리가 거쳐 왔던 고민과 방황을 이겨내는 방법을 알고 있기 때문이다. 그럼, 여기서 다시 한 번 나에게 맞는 '영웅을 찾는 7가지 기술'을 정리하면서 머릿속에 단단히 되새기고 지나가자.

첫 번째, 목표를 명확히 하라.

두 번째, 나의 단점을 인지하라.

세 번째, 가장 성공한 사람을 찾아라.

네 번째, 필승전략을 파헤쳐라.

다섯 번째, 나만의 계획을 세워라.

여섯 번째, 당장 시작하라.

일곱 번째, 두려워 말라.

어떠한 어려움에도 앞으로 나아가는 영웅들의 힘과 열정은 그들의 꿈에서 나온다는 사실을 잊지 말아야 한다. 내가 책 제목을 《영웅의 꿈을 스캔하라》라고 붙인 이유도 그 꿈 안에 바로 영웅들이 가지고 있는 모든 힘이 응축되어 있기 때문이다. 나만의 영웅을 찾고 그들의 꿈을 배웠다면 '영웅이 되는 8단계'도 마저 새기고 넘어가자.

첫 번째 단계, 영웅처럼 생각하라

두 번째 단계, 간절히 원하라

세 번째 단계, 시련은 기회다

네 번째 단계, 모방하라, 철저히 모방하라

다섯 번째 단계, 먼저 공격하라

여섯 번째 단계, 목숨 걸고 혁신하라

일곱 번째 단계, 배고픔을 기억하라

여덟 번째 단계, 크게 생각하고 작게 실천하라

아침에 일어나서 그들이 봤던 신문을 보고, 그들이 했던 운동을 하고, 그들이 읽었던 책을 읽고, 그들이 궁금해 했던 질문을 던져보라. '꿈의 스캔scan'이 끝났다면 무작정 영웅의 습관을 따라하라. "위대한 생각을 품으면 위대한 사람이 될 수 있다"는 사실을 명심하자.

비록 짧은 기간이라도 영웅처럼 생각하고 행동하다보면 영웅은 운이 좋아서가 아닌, 노력과 끈기에서 나온다는 사실을 알게 될 것이다. 바로 그때 우리는 자신의 장단점을 재발견하게 된다.

나무 위에 있는 둥지 속을 그 아래서는 볼 수 없듯이 그들의 생활 패턴 위로 올라가보면 그들의 고민과 갈등, 거기서 빚어진 비전과 생각을 공유해볼 수 있다. 영웅의 시선으로 자신을 되돌아보게 될 때 자신이 진정 원하는 것이 무엇인지, 그것을 이루기 위해서는 어떤 것들이 필요한지를 객관적이고 구체적으로 깨닫게 될 것이다. 그 놀라운 깨달음은 내게 일어났던 그 기적의 순간처럼 어느 날 당신의 모습을 영웅의 모습으로 바꾸어 놓을 것이다.

마지막으로 스스로에 대한 믿음, 당당함, 절대 신념을 가지고 자신이 옳은 길을 가고 있는지를 항상 경계하라. 끊임없이 영웅의 생각을 돌아보고 스스로 정신을 단련하라. 그때 우리는 거인의 어깨에서 세상을 바라볼 수 있을 것이다.

눈앞의 것에 매달리지 마라. 세상은 넓고, 당신 안에는 무한한 가능성, 바로 영웅의 씨앗이 살아 숨 쉬고 있다. 나는 꿈을 이루는 가장 쉬운 방법, 그것이 '영웅의 꿈을 스캔하는 것' 이라는 사실을 다시 한 번 강조하고 싶다. 덧붙여 지금 이 글을 읽고 있는 당신이 이 척박한 현실에서 꿈을 이룬 영웅이 되기를, 누군가에게는 희망이 되기를 나는 간절히 바라고 응원한다.

KI신서 2688

영웅의 꿈을 스캔하라

1판 1쇄 발행 2010년 10월 1일
1판 5쇄 발행 2016년 2월 15일

지은이 김광호
펴낸이 김영곤 **펴낸곳** (주)북이십일 21세기북스
기획 · 편집 최혜령 **디자인** 박선향 **리라이팅** 유진희
출판영업마케팅팀 안형태 이경희 민안기 정병철 김홍선 이은혜 백세희
출판등록 2000년 5월 6일 제10-1965호
주소 (우 10881) 경기도 파주시 문발동 회동길 201
대표전화 031-955-2100 **팩스** 031-955-2151 **이메일** book21@book21.co.kr
홈페이지 www.book21.com **트위터** @21cbook **블로그** b.book21.com

ISBN 978-89-509-2641-0 03320
책값은 뒤표지에 있습니다.